_____ 님께

감사의 마음으로 드립니다

_____ 드림

한국인의 생각

한국인의 생각

인포그래픽으로 읽는
공공쟁점 사회여론

공공의창 지음

푸른나무

차례

1장 한국 사회의 쟁점

2장 공공성 추구와 정책의 방향

3장 정치를 다시 생각한다

1장

한국 사회의 쟁점

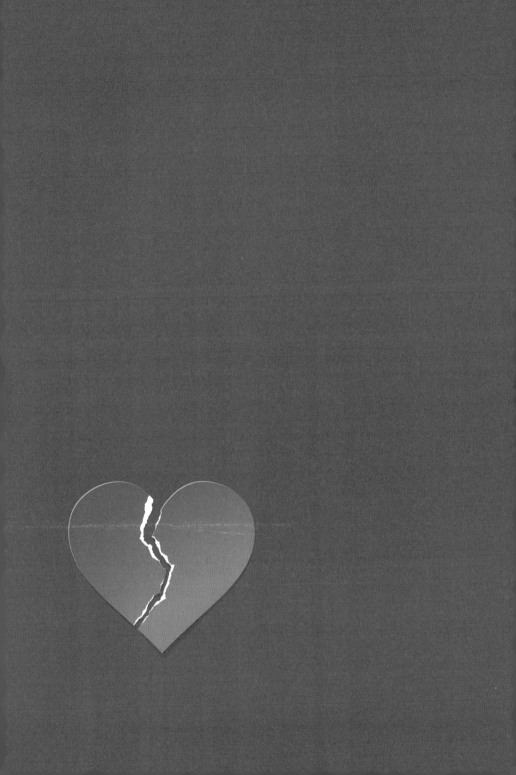

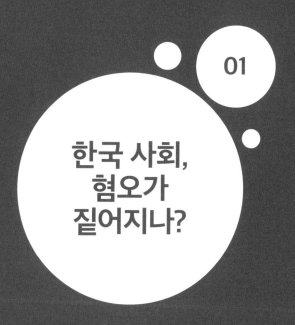

01

한국 사회,
혐오가
짙어지나?

혐오는 특정 대상을 피하려 하거나 싫어하는 감정이다. 사회적으로는 특정 인종, 성별, 지역, 종교, 성적 지향 등 특징 집단에 대해 증오심을 품고 이를 표현하는 것이다. 말이나 글을 통해 증오를 공개적으로 드러내는 것을 '혐오 표현(Hate Speech)'이라 하고, 폭력 행위 등으로 나타날 때는 '혐오 범죄(Hate Crime)'라 지칭한다. 사회 혐오는 억울한 피해자를 낳고 구성원 간 긴장감을 조성하고 갈등을 불러오기에 불안감을 확산시키고 에너지를 떨어뜨려 사회 발전을 해치는 요인이 된다.

우리나라는 급속한 국제화·현대화·다원화 과정을 거쳐왔는데 그 과정에서 혐오 문제가 대두되고 있다. 인터넷과 소셜네트워크서비스 등 자유로운 의견 표현의 공간이 넓어진 것도 이를 더욱 부추긴 것으로 보인다.

한국인은 사회적 혐오에 대해 어떻게 생각하는가? 무엇이 가장 심각하다고 느끼는가? 어떻게 해결해야 한다고 보고 있을까?

사회 혐오는 얼마나 심각한가?

한국인 10명 중 7명은 사회적 혐오가 과거보다 더 심해졌다고 인식하고 있다. 더 심해지지 않았다는 응답은 10명 중 2명이 되지 않았다. 연령대별로 혐오 현상이 과거보다 심해졌다고 보는 응답자는 30대가 76.2%로 가장 많았고, 19~29세가 74.3%, 40대가 73.6%로 그 뒤를 이었다.

온라인상의 혐오가 현실에서 문제나 갈등으로 이어질 수 있다고 보느냐는 질문에는 '이어질 수 있다'는 응답이 88.6%나 됐다. '현실로 이어지지 않는다'는 응답은 4.8%에 그쳤다.

2017년 국가인권위원회가 발표한 〈혐오 표현 실태 조사 및 규제 방안 연구〉 보고서에 따르면 온라인 혐오 피해 경험 비율은 성소수자가 94.6%로 가장 높았고, 여성(83.7%) 장애인(79.5%) 이주민(42.1%) 순이었다.

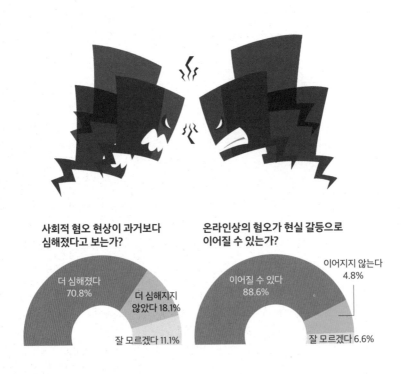

사회적 혐오 현상이 과거보다 심해졌다고 보는가?

더 심해졌다 70.8%
더 심해지지 않았다 18.1%
잘 모르겠다 11.1%

온라인상의 혐오가 현실 갈등으로 이어질 수 있는가?

이어질 수 있다 88.6%
이어지지 않는다 4.8%
잘 모르겠다 6.6%

혐오 표현이란 무엇인가?

한국인이 생각하는 혐오 표현의 기준은 무엇일까? 조사 결과 응답자 28.7%는 상대가 기분 나빠하는 표현이면 무엇이든 '혐오 표현'이 될 수 있다고 봤다. 혐오의 기준을 상대의 감정에 두어야 한다고 보고 있다. 이어 공개 장소에서 갈등을 선동하는 발언(20.9%), 인권 침해 발언(19.2%), 차별적 발언(14.4%) 등이 우리 사회의 혐오를 불러일으키고 있다고 봤다.

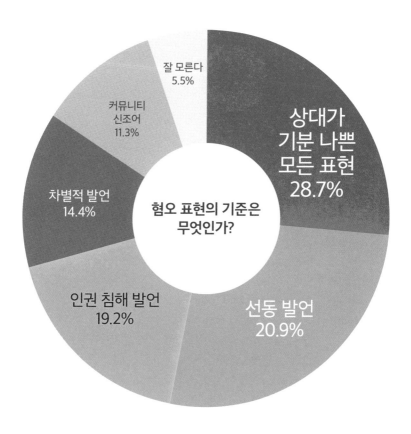

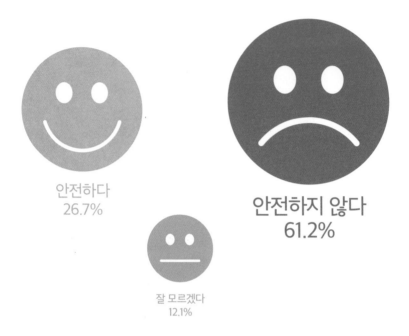

나는 혐오에서 안전한가?

'주변에서 혐오적인 발언이나 행동에서 안전하다고 느끼느냐'는 질문에 응답자의 61.2%는 '안전하지 않다'고 답했다. 그에 반해 '안전하다'는 응답은 26.7%에 그쳤다. '잘 모르겠다'는 응답은 12.1%였다.

일베, 워마드 등 극단적 성향의 온라인 커뮤니티에서 탄생한 혐오 표현들이 온라인을 넘어 오프라인까지 확산해 어디서든 어렵지 않게 접할 수 있게 됐기 때문으로 보인다. 직업별로 살펴보면 서비스 영업직(69.9%)이 스스로 혐오 상황에서 가장 안전하지 않다고 보고 있었는데, 이는 언제 어떤 상황에서 벌어질지 모를 고객들의 '갑질'에 노출된 서비스 노동자들의 불안감이 담긴 것으로 분석된다.

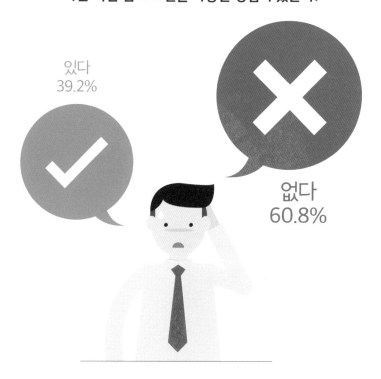

나는 직접 혐오 표현을 사용한 경험이 있는가?

있다
39.2%

없다
60.8%

나는 혐오 표현을 사용한 적이 있는가?

한국인 10명 중 6명은 자신이 직접 혐오 표현을 사용한 경험이 없다(60.8%). 응답자의 39.2%만이 혐오 표현을 사용한 적이 있다고 답했다. 남성(44.2%)이 여성(34.2%)보다는 혐오 표현을 더 많이 사용했고 학생의 절반 이상(54.1%)이 혐오 표현을 사용한 경험이 있다고 밝혔다.

이 답변은 한국인 대다수가 사회 혐오가 심각하며 더 심해지고 있다고 느끼는 것과는 다소 거리가 느껴진다. 여기에 대해 권주한 세종리서치 대표는 "1차적으로는 자기들이 혐오 표현을 하는 게 문제 되지 않는다는 의식이 있을 수 있다"고 말했다. 또한 "실제로 혐오 표현을 쓰는 부류가 어느 정도에 국한돼 있다는 해석도 가능하다"고 분석했다.

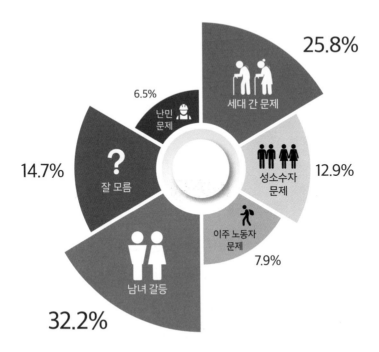

우리나라 혐오 현상 중 가장 심각한 문제는?

25.8% 세대 간 문제

6.5% 난민 문제

12.9% 성소수자 문제

14.7% 잘 모름

7.9% 이주 노동자 문제

32.2% 남녀 갈등

혐오 현상이 가장 심각한 부분은

우리 사회 혐오 현상 가운데 '남녀 갈등'을 가장 심각하게 생각하는 사람이 많았다(32.2%). '세대 간 문제'(25.8%), '성소수자 문제'(12.9%), '이주 노동자 문제'(7.9%), '난민 문제'(6.5%) 등이 뒤를 이었다.

나이가 젊을수록 남녀 갈등에서 비롯된 혐오를 더 우려했다. 20대(19~29세)의 62.9%와 30대의 52.9%가 '남녀 갈등'을 꼽는 등 나이가 젊을수록 남녀 갈등을 심각하게 바라봤다. 혜화역 시위, 이수역 폭행 사건, 미투 운동 등 남녀 이슈가 2018년에 많이 다뤄졌기 때문으로 보인다. 반면 고령층으로 갈수록 '세대 간 문제'에서 발생하는 혐오를 심각하게 받아들였다. 50대 37.1%, 60대 31.7%가 세대 간 혐오가 심각하다고 경고했다.

혐오의 가장 큰 원인 제공자는 누구인가?

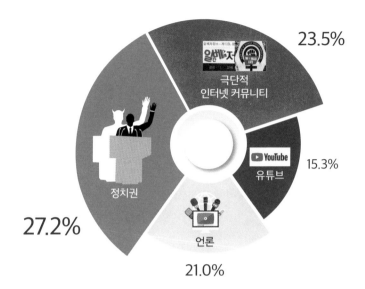

23.5% 극단적 인터넷 커뮤니티

15.3% 유튜브

21.0% 언론

27.2% 정치권

누가 혐오를 부추기는가?

한국인은 혐오 현상의 가장 큰 원인 제공자로 정치권을 꼽는다. '혐오의 가장 큰
원인 제공자는 누구인가'라는 질문에 가장 많은 응답자가 정치권(27.2%)을 택했
다. 고인 모독, 도촬 등 숱한 물의를 일으켜 사회적 지탄의 대상이 된 일베, 워마
드 등 극단 성향의 인터넷 커뮤니티(23.5%), 가짜 뉴스 논란이 불거진 언론(21%),
유튜브(15.3%) 등이 그 뒤를 이었다.

정치권을 '혐오 생산지'로 지목하는 경향은 응답자의 나이가 많고 사회적 약자
에 해당할수록 짙어지는 것으로 파악됐다. 19~29세 응답자(18.8%)를 제외할 경
우 정치권을 택한 응답자의 비율은 30대 11.6%, 40대 22.5%, 50대 33.2%, 60세
이상 41.4% 등 나이가 많을수록 높아졌다. 직업별로는 사무관리직(17.1%)보다 상
대적 취약 계층인 생산기술직(34.3%), 자영업자(30.5%), 주부(34%) 등에서 2배가량
수치가 높았다.

왜 혐오를 부추기는가?

한국인들은 혐오 현상의 저변에는 대상을 향한 증오의 감정보다는 이를 통해 이익을 얻으려는 의도가 강하다고 보고 있다. 사람들이 혐오를 일삼는 가장 큰 이유로 응답자의 39.6%가 '자신의 안녕과 이익을 지키기 위해서'라고 답했다. '정말 싫어해서'(13.3%), '대상을 정확히 몰라 두려워서'(11.8%), '사회적 통용'(11.3%), '재미'(9.6%) 등의 응답이 그 뒤를 이었다.

정치꾼들이 상대 정파를 공격하기 위해 정책으로 혜택을 보는 소수 집단에 대한 혐오를 부추기는 경향은 이미 오래됐다. 이렇듯 혐오를 목적 달성의 수단으로 사용하는 정치권, 이를 비판 없이 보도한 언론의 행태에 실망을 느끼고 있다고 볼 수 있다.

인터넷 커뮤니티 또한 같은 맥락이다. 자신들의 이슈를 세상에 알리기 위해 자극적인 혐오 표현으로 부정적 관심을 끌어내는 극단 성향의 커뮤니티 일베의 게시물, 워마드의 '미러링 전략' 등은 혐오를 수단화한 대표 예로 꼽는다.

사람들이 혐오를 일삼는 가장 큰 이유는?

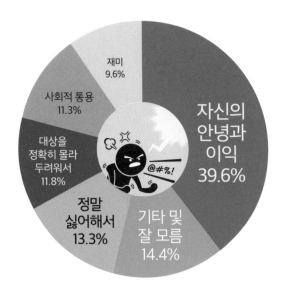

재미
9.6%

사회적 통용
11.3%

대상을
정확히 몰라
두려워서
11.8%

자신의
안녕과
이익
39.6%

정말
싫어해서
13.3%

기타 및
잘 모름
14.4%

정부는 혐오로 인한 사회 갈등에 잘 대처하고 있는가?

13.5%	72.4%	14.1%
잘 모름	잘 못 대처함	잘 대처함

언론은 혐오 사건을 적절하게 잘 다루고 있는가?

잘 모름 10.7% **?**

공감함 19.2% **✔**

공감하지 않음 70.1% **✘**

정부와 언론은 혐오에 잘 대응하고 있는가?

2018년은 젠더와 세대 갈등이 불거졌고 난민 수용을 두고 논쟁이 심한 해였다. 이에 대해 정부가 다양한 정책을 내놓았지만, 국민 다수는 정부의 대처가 미흡했다고 보고 있다. 국민 10명 중 7명(72.4%)은 '정부가 혐오로 인한 사회 갈등에 잘 대처하고 있느냐'는 질문에 '잘 못 대처하고 있다'고 답했다. '잘 대처하고 있다'고 답한 응답자는 14.1%에 불과했다. 미투 운동과 혜화역 시위 등 사회적 갈등에서 정부가 눈에 띄는 해결책을 제시하지 못했고, 일부 해결 과정에서 역차별 논란을 불러일으켰기 때문인 것으로 보인다.

혐오 사건을 다루는 언론의 책임에 대해서도 질책하는 응답자가 10명 중 7명이나 됐다. '언론이 혐오 사건을 적절하게 잘 다루고 있느냐'는 설문조사에서 '공감한다'는 표현이 19.2%인 데 반해 '공감하지 않는다'는 응답은 70.1%에 달했다.

혐오를 차별금지법 등 법으로 관리해야 하는가?

잘 모름
12.2%

공감함
56.1%

공감하지
않음
31.7%

혐오를 법으로 통제해야 하는가?

한국인들은 사회적 문제로 대두된 혐오를 막기 위해 '차별금지법' 제정 등 법제화
의 필요성에 공감하고 있다. 응답자의 절반 이상이 혐오를 차별금지법 등 법으로
관리할 필요가 있다고 봤다. 차별금지법 등 법을 통한 혐오 관리에 '공감하지 않
는다'고 답한 비율은 31.7%에 불과했다.

합리적 이유 없이 성별, 장애, 병력, 나이, 성적 지향, 인종, 피부색 등을 이유로
고용, 교육기관의 교육 및 직업훈련 등에서 차별을 받지 않도록 하는 내용의 '차
별금지법' 입법을 2007년, 2010년, 2012년 3차례에 걸쳐 시도했지만, '개인의 자
유로운 사상과 표현을 억압할 수 있다'는 반발로 무산됐다. 입법을 반대하는 쪽
에서는 차별금지법이 공권력 낭비, 고소 고발 남용과 악용 등 심각한 부작용을
가져올 것이라 주장한다.

현재 국가인권위원회는 2020년 차별금지법 제정을 위해 최근 조직을 정비하고
혐오·차별·배제 전담 부서도 설치할 계획이다. 이 전담 부서를 통해 혐오에 적극
대응하고, 차별금지법의 제정 기반을 마련한다는 방침이다.

혐오에 어떻게 대응해야 하는가?

혐오 현상은 앞으로 더 심각한 사회 문제로 등장할 가능성이 크다. 정치권과 언론 등이 책임감을 가지고 적극적인 역할을 해야 한다는 데 전문가들의 의견이 모이고 있다. 유승찬 스토리닷 대표는 〈세계일보〉와의 전화 인터뷰에서 "불확실한 미래에 대한 막연한 두려움이 소수자-약자에 대한 차별로 나타난다. 자신보다 약한 사람을 차별하면서 위안을 삼으려는 게 혐오의 대체적인 양상"이라며 "조사 결과를 보면 혐오가 현실로 이어질 수 있다고 응답한 비율이 90%에 가깝게 나타났다. 우리 사회가 혐오에 불안함을 느끼면서도 혐오를 강화하는 방향으로 나아가고 있는 것이다. 앞으로 남녀 갈등이나 세대 간 증오 등이 심각한 사회 문제로 대두할 것"이라고 내다봤다.

그리고 유 대표는 "혐오를 일반적인 규제로 접근하면 일시적인 효과와 부작용만 나타날 뿐이다. 혐오의 근원은 불평등에 있다"며 "다수의 삶이 점점 어려워지고 있기 때문에 혐오가 늘어나는 것이다. 사회 전체가 살기 좋은 방향으로 나아가지 않으면 쉽게 해결되지 않을 문제"라고 풀이했다.

그는 그러면서 "사회가 풀어야 할 숙제가 많다. 미래 세대에게 갈등 해소와 관련된 교육을 강화하는 등 다각도에서 접근해야 한다"며 "특히 정치권이나 언론 등 사회적 공론화를 맡은 책임 있는 집단들이 먼저 자성의 노력을 해야 한다"고 주문했다.

'혐오의 파시즘 국민의식조사'는 2018년 12월 19일 휴대전화 100% RDD(무작위 추출) 방식으로 진행됐고, 전국 만 19세 이상 성인남녀 1,014명의 응답을 분석했다. 표본오차는 95% 신뢰수준에 ±3.08%p다. 조사는 〈세계일보〉와 '공공의창'이 함께 설계했으며 수행은 여론조사기관 세종리서치가 맡았다. 응답자 성별을 보면 남성이 700명(69%), 여성이 314명(31%)이었고, 연령별로 19~29세는 115명(11.3%), 30대는 124명(12.2%), 40대는 171명(16.9%), 50대는 320명(31.6%), 60세 이상은 284명(28%)이었다.

02

갈등, 차별
그리고
혐오

한국 사회에서 '혐오'와 '차별'이 사회 문제로 떠오르고 있다. 이것은 '갈등'과는 다르다. 갈등은 주로 집단 간에 일어나는데, 자기 집단 이익에 대한 욕망이 근거가 된다. 지역 갈등이나 노사 갈등 등은 이해관계 대립이 해소되면 풀릴 수 있다.

하지만 혐오는 특정 집단을 일방적으로 미워하는 마음과 언행이다. 개인과 집단의 이익과도 큰 상관이 없다. 내게 직접 피해를 주지 않는데도 나와 다르다는 이유로 상대를 미워한다. 그리고 차별한다. 혐오와 차별은 이익 추구가 최우선 가치인 현대 자본주의 사회에서 설명하기 힘든 현상이면서 사회가 병들었다는 신호가 된다.

한국인들은 우리 사회의 혐오와 차별에 대해 어떻게 생각하는지를 조사해보았다.

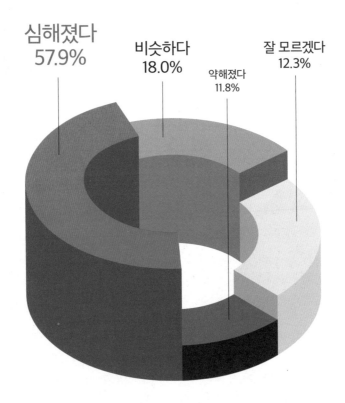

심해졌다
57.9%

비슷하다
18.0%

약해졌다
11.8%

잘 모르겠다
12.3%

한국 사회의 갈등은 과거보다 심해졌나?

한국의 사회 갈등이 10년 전보다 심해졌다고 느끼는 사람이 많다. 나이가 어릴수록 이런 경향은 더욱 심해졌다. 취업난 등으로 사회경제적 조건이 어려운 20대가 갈등에 더 예민해진 것으로 분석된다.

가장 심각한 갈등은 무엇인가?

가장 심각한 사회 갈등으로는 빈부 갈등, 이념 갈등, 성 갈등 순으로 답변이 나왔다. 세대별로 차이가 큰데, 젊은 세대는 성(性) 갈등을 가장 심각하다고 보지만, 중년층은 빈부 갈등이 제일 큰 문제라고 생각하고 있다. 반면 장년층은 이념 갈등을 가장 우려하고 있다.

지역 갈등이 가장 심각하다는 의견은 많지 않았다. 60대 이상이 약간 더 높고 다른 연령대에서는 채택 비율이 낮았다. 과거 여론조사에서 지역 갈등을 문제로 꼽은 비율이 높았던 호남 지역에서도 낮은 응답을 보였다.

특이한 점은 20대 여성의 62%가 성 갈등을 가장 심각한 문제라고 답한 것이다. 빈부 갈등과 이념 갈등이라는 응답을 압도적으로 제쳤다.

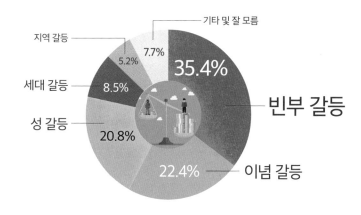

	빈부 갈등	이념 갈등	성 갈등	세대 갈등	지역 갈등	기타·잘 모름
19~29세	22.2%	9.3%	56.5%	1.6%	3.6%	6.8%
30~39세	35.6%	17.6%	28.3%	6.9%	5.6%	6.0%
40~49세	48.4%	24.1%	13.3%	7.8%	2.9%	3.5%
50~59세	44.8%	28.9%	6.7%	10.1%	3.4%	6.1%
60세 이상	27.1%	28.1%	8.3%	13.4%	9.1%	14.0%

페미니즘과 사회 갈등

한국 사회에서는 페미니즘이 지지와 반대가 팽팽히 맞선 상황이다. 여성이 남성보다 지지 응답이 많다. 특히 20대에서 남녀의 의견이 극명하게 갈린다.

페미니즘 운동을 지지합니까?

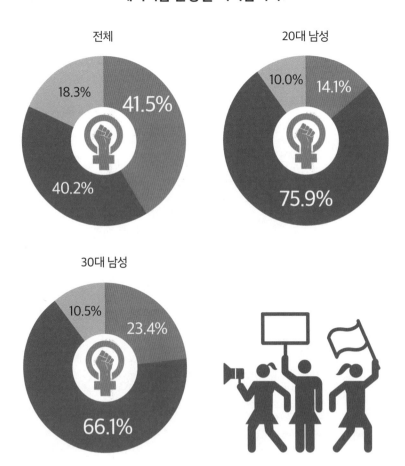

전체

18.3% 41.5%

40.2%

20대 남성

10.0% 14.1%

75.9%

30대 남성

10.5% 23.4%

66.1%

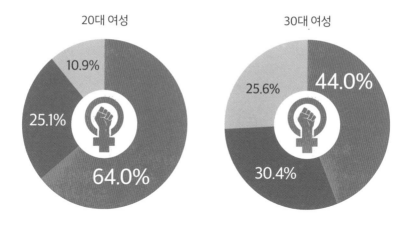

20대 여성

10.9%

25.1%

64.0%

30대 여성

44.0%

25.6%

30.4%

■ 지지한다 ■ 반대한다 ■ 잘 모르겠다

페미니즘을 지지하는 이유는?

여성의 페미니즘 지지 이유는 남성 혐오가 아니라 여성으로서 차별 경험과 이에 대한 개선을 찾으려는 경향을 보인다.

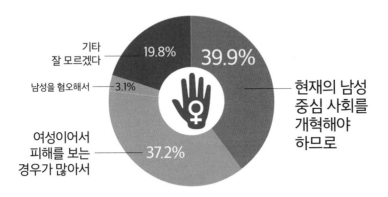

기타
잘 모르겠다 19.8%

남성을 혐오해서 3.1%

39.9%

현재의 남성
중심 사회를
개혁해야
하므로

여성이어서
피해를 보는
경우가 많아서

37.2%

페미니즘을 반대하는 이유는?

페미니즘 지지자들이 남성 혐오 의도가 없다 하더라도, 페미니즘 반대자들은 남성 혐오 경향이 짙다고 느끼는 실정이다. 성 갈등의 바탕에는 서로 간 오해가 있을 수 있음을 뜻한다.

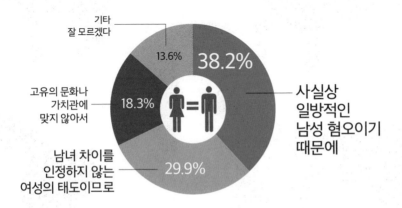

기타
잘 모르겠다 13.6%

38.2%

고유의 문화나
가치관에
맞지 않아서 18.3%

사실상
일방적인
남성 혐오이기
때문에

남녀 차이를
인정하지 않는
여성의 태도이므로

29.9%

차별 경험은 나이가 어릴수록 더 많다

한국 사회에서 차별 경험은 나이가 적을수록 더 많다고 느끼는 것으로 나타났다. 40대와 50대는 절반 정도가 차별을 경험했다고 응답했지만 20대와 30대는 10명 중 6명이 차별 경험이 있다고 응답했다. 젊은 세대가 사회생활을 한 물리적 시간이 짧음에도 차별 경험이 더 많다고 답한 것은 현재 이들이 느끼는 사회경제적 박탈감이 상당하다는 것을 보여준다. 특히 20대 여성은 72.2%가 차별 경험이 있다고 응답해 20대 남성의 같은 답과 큰 차이가 났다. 30대도 여성은 61.8%, 남성은 51.0%로 성별 간 차별 경험이 달랐다.

학교나 사회생활 중 차별을 당한 경험이 있습니까?

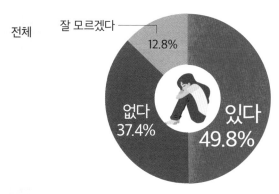

전체
잘 모르겠다 ── 12.8%

없다 37.4% 있다 49.8%

연령대별

■ 있다 ■ 없다 ■ 잘 모르겠다

연령	있다	없다	잘 모르겠다
19~29세	60.6%	28.9%	10.5%
30~39세	57.1%	32.5%	10.4%
40~49세	54.3%	33.9%	11.8%
50~59세	50.1%	41.0%	8.9%
60세 이상	34.1%	46.2%	19.7%

주변의 다른 사람이 차별을 겪는 것을 본 적이 있습니까?

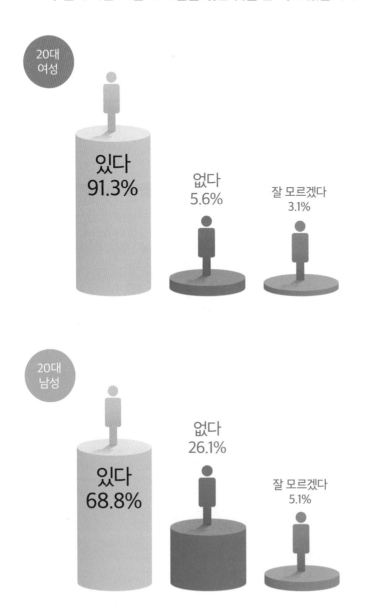

20대
여성

있다
91.3%

없다
5.6%

잘 모르겠다
3.1%

20대
남성

있다
68.8%

없다
26.1%

잘 모르겠다
5.1%

차별당하는 이유는?

20대 여성들은 '여성이라는 이유로' 차별당한다는 데 공감한다. 같은 20대라도 남성들이 학력이나 학벌을 차별의 가장 큰 이유로 꼽는 것과는 다르다. 60대 이상에서는 '나이 탓에 차별을 당했다'는 응답이 비교적 높게 나왔다.

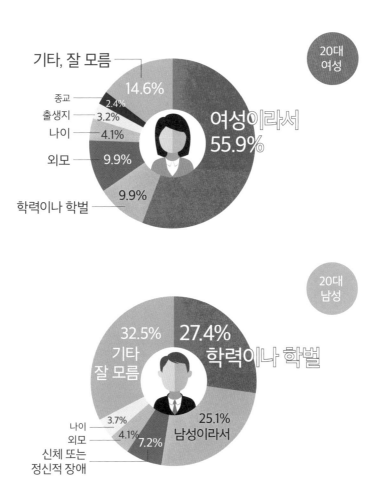

20대 여성

기타, 잘 모름 ─ 14.6%
종교 ─ 2.4%
출생지 ─ 3.2%
나이 ─ 4.1%
외모 ─ 9.9%
학력이나 학벌 ─ 9.9%
여성이라서 55.9%

20대 남성

32.5% 기타 잘 모름
27.4% 학력이나 학벌
나이 ─ 3.7%
외모 ─ 4.1%
신체 또는 정신적 장애 ─ 7.2%
25.1% 남성이라서

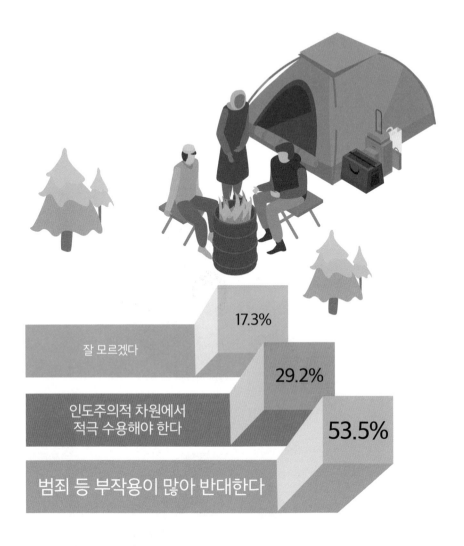

17.3%

잘 모르겠다

29.2%

인도주의적 차원에서
적극 수용해야 한다

53.5%

범죄 등 부작용이 많아 반대한다

난민 수용에 관한 의견

난민 수용에 관해서는 부작용을 고려해 신중하게 접근해야 한다는 사실상의 반
대 의견이 더 높게 나왔다.

외국인 노동자와 난민 탓에 범죄율이 상승한다는 데 동의합니까?

잘 모르겠다
12.5%

동의한다
49.5%

동의하지
않는다
38.0%

난민과 외국인 노동자에 대한 태도는
젊은 세대일수록 보수적

젊은 세대, 특히 20대 남성들은 외국인 노동자가 일자리를 뺏고 범죄율이 높다
는 등의 시각을 다른 세대보다 더 크게 가지고 있었다.

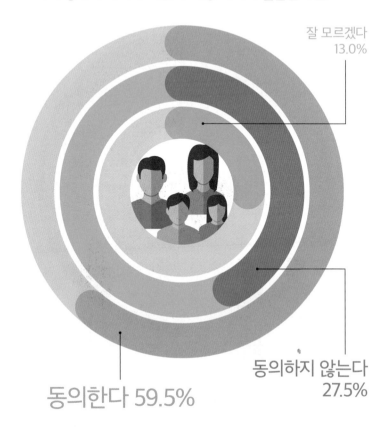

나의 형제나 자녀가 다문화 가정 자녀와 결혼한다면?

잘 모르겠다
13.0%

동의하지 않는다
27.5%

동의한다 59.5%

다문화 가정과 탈북자 수용

다문화 가정과 탈북자에 관해서는 대체로 수용하는 태도이며 세대 간 시각 차이도 크지 않다. 그러나 가족으로서의 수용은 아직 보수적이다. 자신의 자녀나 가족이 다문화 가정의 자녀나 탈북자와 결혼하면 동의하겠느냐는 질문에 상대적으로 낮은 동의율을 보였다.

우리 사회에서 혐오와 차별이 떠오르는 현상의 배후에는 장기간 계속된 경제적·정치적 불평등과 개인 소외 현상이 있다는 데 사회과학자들의 공통된 의견이다. 불평등은 박탈감, 억울함, 불안, 분노를 일으키며 공동체 해체를 불러왔다. 그리고 욕구와 욕망을 충족시킬 곳을 찾기 힘들어진 개인이 나와 다른 집단, 나보다 힘이 약한 소수 집단을 향해 분노를 표출하는 경향이 일어난 것이다. 공동체를 되살리는 게 혐오와 차별을 없애는 가장 좋은 방법이다. 하지만 주변에 대한 작은 관심과 그 관심을 키우려는 노력에서부터 혐오와 차별을 줄이는 일을 시작해야 할 때다.

'한국 사회 갈등에 관한 여론조사'는 <국민일보>와 공공의창이 기획하고 여론조사기관 리얼미터가 조사를 수행했다. 2018년 12월 2~3일 19세 이상 전국 성인남녀를 대상으로 ARS(유선 20%, 무선 80%) 방식으로 시행했다. 1만 2,644명에게 전화를 걸어 응답률 8.0%를 기록했고 표본오차는 95% 신뢰수준에서 ±3.1%p다.

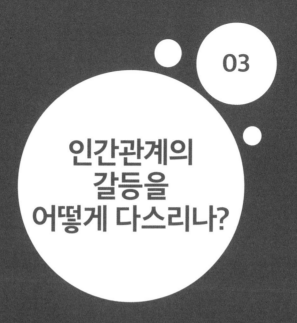

03

인간관계의 갈등을 어떻게 다스리나?

우리 삶에서 갈등은 필연적이다. 가정, 직장, 학교 등 인간관계가 형성되는 모든 곳에서 갈등이 일어나기 마련이다. 그렇다면 인간관계의 폭을 바늘구멍만큼 좁히고 혼자 살아갈 계획을 철두철미하게 세운다면 갈등 없이 편안한 삶을 살 수 있을까? 그렇지 않다. 세계적인 뇌 과학자 마이클 가자니가 교수에 따르면 "인간의 뇌는 인간관계를 잘하기 위한 방식으로 설계됐고, 인간의 뇌가 급격하게 커진 시기도 함께 생활하는 집단의 크기가 커지면서부터"라고 한다. 인간관계 기피는 사람이라는 존재의 속성과 거꾸로 가는 것으로 지속될 수 없다.

한국인은 주로 누구와 갈등을 일으키고 어떻게 대처할까? 갈등이 가득한 인간관계 속에서 어떻게 행복을 꾸려나갈까? 관련된 조사를 진행해보았다.

가족 관계에서 주로 누구와 갈등을 자주 겪는가?

배우자 22%

자녀 12%

어머니 10%

형제자매 9%

아버지 9%

고부 6%

가족 관계에서의 갈등

한국인은 가족 관계에서 주로 누구와 자주 갈등을 겪을까? 배우자와 가장 빈번하게 갈등을 겪는다는 사람이 22%로 가장 높았다. 그다음을 자녀(12%), 어머니(10%), 형제자매(9%), 아버지(9%), 고부(6%) 등이 이었다. 가족 간 거리가 가까울수록 갈등이 심하다고 유추할 수 있다. 그렇다면 아버지라는 존재는 가족의 갈등 관계에서조차 멀어진 외로운 존재라는 해석도 가능하다. 그리고 고부 관계가 갈등의 뒷전에 놓인 것은 수많은 남편을 안심시키는 지점이다.

배우자 간 갈등이 심하다는 조사 결과와 달리 최근 이혼율이 낮아지는 추세다. 맞벌이가 늘어나 거리가 멀어지면서 이혼율이 낮아진 것인지, 아니면 부부 갈등을 대처하는 방법이 좋아진 것인지는 분명하지 않다. 하지만 적지 않은 갈등에도 이별이 줄어든 것은 과거에 비해 가족에 대한 소중함이 더욱 커졌기 때문일 것이다.

조사 결과를 더 자세히 보면 나이가 많을수록 자녀와의 갈등이 커지며, 나이가 어릴수록 부모와의 갈등이 커지는 경향을 보였다. 부부 간 갈등이 가장 심한 세대는 40대였다. 평균 이혼 연령이 40대 중반이라는 통계와 잘 맞는 부분이다. 또한 소득이 높을수록 배우자와의 갈등이 많았고, 소득이 낮을수록 자녀와의 갈등이 많았다.

직장 생활에서 주로 누구와 갈등을 자주 겪는가?

갈등이 없다 27%

상사 22%

동료 14%

부하 6%

타 부서 6%

거래처 5%

직장에서의 갈등

한국인은 직장에서 누구와 가장 자주 갈등을 겪을까? 여기에 대해 질문했다. '상사'라는 응답이 22%로 가장 높았다. 그 뒤를 동료(14%), 부하(6%), 타 부서(6%), 거래처(5%) 등이 이었다. 특이한 점은 갈등이 없다는 의견이 27%나 된다는 것이다.

갈등 대상은 직위가 올라갈수록 늘어났다. 그리고 나이와 갈등이 반비례한다는 흥미로운 결과가 나왔다. 나이가 많을수록 갈등이 줄었다. 높은 직급의 관리 감독 업무의 특성상 별다른 갈등이 없을 수도 있다. 하지만 그렇게 볼 수만은 없다. 상사와의 갈등이 가장 잦다고 응답한 사람이 많다는 것을 고려해보면, 같은 상황에서 부하는 갈등으로 인식하고 상사는 갈등으로 생각하지 않았다고 해석할 수도 있다. 그 이유는 2가지로 추측된다. 먼저 상사 스스로가 권위적으로 부하와 소통하고 있다는 사실을 모르고 있을 가능성이 크다. 다음으로 상사의 깊은 연륜과 넓은 안목이 호수 같은 이해심으로 작동했을 가능성도 있다. 전자보다는 후자이길 바란다.

갈등에 대처하는 5가지 유형

한국인들은 갈등 상황에서 어떻게 대처할까? 대화하고 타협하고 협력하는 원만한 해결책을 찾는 게 일반적이다. 갈등에 대처하는 유형을 5가지로 나눠, 응답자가 어디에 속하는지 물어보았다.

갈등 대처 유형 5가지는 ① 회피형(골치 아픈 일이므로 가급적 피하거나 미룬다), ② 관계 중시형(조금 손해를 보더라도 양보하고 좋게 지내려고 한다), ③ 타협 절충형(적당한 선에서 원만하게 타협한다), ④ 목표 추구형(어떻게 해서든지 내 주장대로 한다), ⑤ 협동 해결형(대화를 통해 서로 이해하고 문제를 해결한다)이다.

조사 결과 갈등 대처 스타일로 관계 중시형, 타협 절충형, 협동 해결형이

많았고, 회피형과 목표 추구형은 적었다. 그런데 20대의 회피형과 목표 추구형이 다른 연령대에 비해 뚜렷하게 많은 점을 주목해볼 필요가 있다. 목표 추구형은 갈등 상황에서는 강압적이거나 저돌적으로 보일 수 있다. 20대가 아직 사회 경험이 부족해서 생기는 문제일 수도 있지만, 그 세대가 사회·문화적 다양성을 중시한다는 점에서 볼 때 흥미로운 결과다.

20대가 위계 조직에서 갈등을 회피하거나 강압적으로 대처하고 있다는 것은 저항하고 있다는 방증일 수 있다. 회피도 소극적인 저항이라고 봐야 한다. 저항이 개인에게는 불편한 일이지만, 조직에는 혁신 동력과 성과로 작동할 개연성이 있다.

20대 남성의 문재인 대통령 국정 수행 긍정 평가가 매우 낮게 나온 것을 두고, 젠더 문제로 해석하는 기사가 많았다. 그런데 20대 남성의 지지도는 처음부터 높지 않았다. 20대는 정치적으로 보수적이고 경제적으로는 진보적이다. 사고 패턴의 중심에 자유주의적 세계관이 다른 세대에 비해 뿌리 깊게 자리 잡혀 있다. 예컨대 '윗세대에 눌려 심각한 실업에 놓여 있고, 채용 비리 등 공정하지 못한 경쟁 구조 때문에 아무리 노력해도 취업이 잘 안 된다는 절망감이 깊다. 촛불 혁명으로 공공의 무능과 부패를 근본적으로 바꿔달라고 했는데, 현 정부는 불공정 해소 의지가 분명한 것인가라고 되묻는 것일 수 있다.

타협 절충형:
적당한 선에서
원만하게 타협한다
26%

목표 추구형 :
어떻게 해서든지
내 주장대로 한다
4%

관계 중시형:
조금 손해를 보더라도
양보하고 좋게
지내려고 한다
29%

회피형:
골치 아픈 일이므로
가급적 피하거나
미룬다
11%

협동 해결형:
대화를 통해
서로 이해하고
문제를 해결한다
24%

**나는 가정이나 직장 등에서 생기는 갈등 상황에
어떻게 대처하고 있는가?**

갈등 상대방은 나를 어떻게 대하나?

갈등 상황에서 상대방이 어떤 스타일로 나오는지를 물었다. 상대방이 타협적 또는 강압적으로 나온다는 응답이 가장 많았고 양보하려 한다는 응답은 가장 적었다. 재미있는 사실은 자신의 대처 스타일과 상대방의 대처 스타일이 대체로 유사하게 나타났다는 점이다. 내가 타협하려고 시도하면 상대방도 타협에 응했고, 내가 대화하려고 노력하면 상대방도 대화에 응했다는 것이다.

하지만 내가 회피하거나 양보하려 했을 때, 상대방은 강압적이었다는 응답도 많았다. 그렇다고 회피형과 관계 중시형이 갈등을 해결하는 데 효과적이지 않다고 볼 수는 없다. 자신과 상대방의 대처 스타일이 서로 복잡하게 얽혀 있어 그 외 다른 스타일과도 절반 이상 짝을 이루고 있기 때문이다.

갈등 상황에서 상대방이 나에게 어떻게 대처한다고 느끼는가?

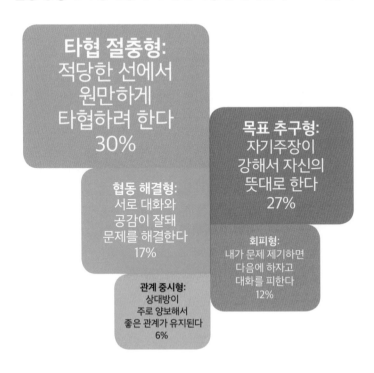

타협 절충형:
적당한 선에서
원만하게
타협하려 한다
30%

목표 추구형:
자기주장이
강해서 자신의
뜻대로 한다
27%

협동 해결형:
서로 대화와
공감이 잘돼
문제를 해결한다
17%

회피형:
내가 문제 제기하면
다음에 하자고
대화를 피한다
12%

관계 중시형:
상대방이
주로 양보해서
좋은 관계가 유지된다
6%

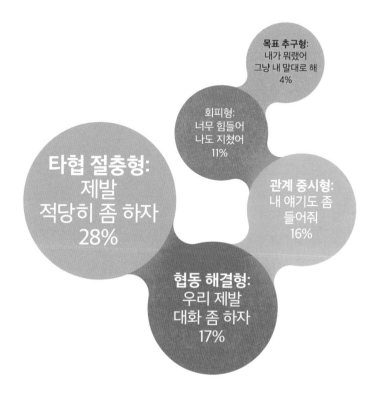

갈등 상황에서 상대방에게 가장 하고 싶은 말

우리는 갈등을 자주 겪는 상대방에게 어떤 말을 가장 하고 싶어 할까? 앞에서 소개한 유형별로 분석해보니 갈등을 되도록 빨리 끝낼 것을 요구하고, 대화하고 내이야기를 들어달라고 부탁하는 말을 하고 싶어 하는 비중이 컸다.

갈등 속에서 행복해지기

미국의 심리과학자인 소냐 류보머스키 교수는 "행복해지고 싶다면 가정, 학교, 직장에서 가까운 사람들과 관계를 회복해야 한다"고 조언한다. 조사에 도움을 준 강영진 한양대학교 공공정책대학원 교수는 "갈등 대처 스타일은 행복도에 영향을 준다"고 지적했다. 갈등의 해소 과정에서 느끼는 쾌감, 자유감, 안도감 같은 감정이 행복과 연결되는 것으로 보인다. 갈등과 행복은 동전의 양면과 같다. 우리가 갈등을 해결하려는 것은 궁극적으로 행복해지려는 욕구 때문이다.

현재 자신의 삶이 행복한지를 물었다. 행복하다는 응답(45%)이 행복하지 않다는 응답(16%)보다 높게 나타났다. 행복하다고 응답한 사람들은 주로 자녀와의 갈등이 많았다. 자녀와의 갈등이 부모 자신의 행복에 부정적인 영향을 크게 끼치지 않았다. 이와 반대로 아버지와의 갈등이 많은 자녀가 가장 불행을 느꼈다. 또한 갈등을 협동 해결형으로 풀어가는 사람들이 가장 행복하다고 느꼈으며, 목표 추구형으로 강압적이거나 저돌적인 해결책을 찾는 사람들이 가장 불행감을 느낀다.

즉, 주변 사람들과의 관계가 원만할수록 행복감이 높았다. 코칭 심리학의 권위자인 앤서니 그랜트 박사는 "진정한 행복은 참여가 꼭 필요하다. 인간은 깨어 있는 시간의 80%를 타인과 함께 지낸다"고 말했다. 법륜 스님도 "자신을 중심에 놓고 상대에게 잣대를 들이대면 아무리 가까운 사람도 싸우기 마련이다. 상대의 생각이 옳다는 것이 아니라 입장이 다를 수 있다는 걸 이해하는 것이 행복의 비결"이라고 조언한다.

행복에 영향을 주는 요인들은 많다. 관련 논문을 살펴보면 심리적 안정, 업무 만족감, 성격, 인간관계, 결혼 여부, 지역 사회 환경, 경제적 여건, 건강, 주거 조건 등이 행복과 영향 관계가 있음을 알 수 있다. 이 중 인간관계는 다른 요인에 비해 행복 여부에 많은 영향을 끼치는 것으로 연구됐다. "나는 당신의 이야기를 들을 준비가 되어 있어"라고 말할 수 있을 때, 행복이 시작되지 않을까?

'한국인 갈등 대처 유형과 행복도'는 2018년 11월 3일~12월 1일, 무선 100% ARS-RDD 방식으로 진행됐고, 전국 만 19세 이상 성인남녀 1,003명을 대상으로 했다. 표본오차는 95% 신뢰수준에 ±3.1%p다. 조사는 <경향신문>과 '공공의창'이 함께 설계했으며 수행은 여론조사기관 타임리서치가 맡았다. 지식디자인연구소가 설문 설계와 감수를 했다.

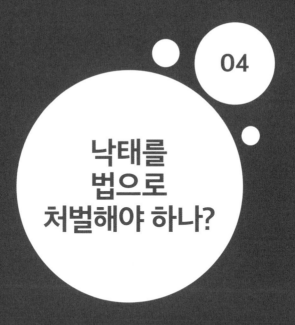

04

낙태를 법으로 처벌해야 하나?

2019년 4월 11일 헌법재판소는 우리 사회의 변화를 알리는 역사적인 판결을 내렸다. 낙태를 범죄로 규정한 형법 269조와 270조에 대해 재판관 7 대 2 의견으로 헌법 불합치 결정을 한 것이다. 형법 269조는 '자기 낙태죄'로 불린다. 임신한 여성이 낙태한 경우 1년 이하의 징역이나 200만 원 이하의 벌금으로 처벌하도록 규정하고 있다. 270조는 이른바 '동의 낙태죄' 조항이다. 의사가 임신한 여성의 동의를 받아 낙태한 경우 2년 이하의 징역에 처하게 되어 있다. 이 형법 조항에서 태아의 발달 단계나 독자적 생존 능력과 무관하게 낙태를 원칙적으로 금지하는 것이 임산부의 자기 결정권을 과도하게 침해하는지가 쟁점이 됐다. 여기에 대해 헌법재판소는 "임신한 여성의 자기 결정권을 제한하고 있어 침해의 최소성을 갖추지 못했고 태아의 생명 보호라는 공익에 대해서만 일방적이고 절대적인 우위를 부여해 임신한 여성의 자기 결정권을 침해했다"고 판단했다. 또한 "임신한 여성의 촉탁 또는 승낙을 받아 낙태하게 한 의사를 처벌하는 조항도 같은 이유에서 위헌"이라고 밝혔다. 하지만 낙태죄 규정을 즉시 폐지해 낙태를 전면 허용할 수는 없다고 보아, 2020년 12월 31일까지 낙태죄 관련 법 조항을 개정하라는 헌법 불합치 결정을 내렸다. 이 기한까지 법이 개정되지 않을 때는 낙태죄 규정은 전면 폐지된다.

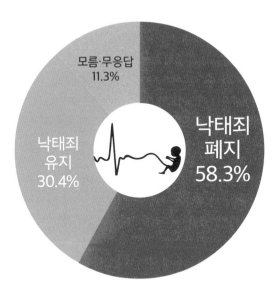

낙태죄 폐지에 관한 여론조사

모름·무응답
11.3%

낙태죄
유지
30.4%

낙태죄
폐지
58.3%

낙태 처벌은 헌법 불합치

낙태한 여성이나 낙태 시술을 한 의사를 범죄자로 처벌하는 것이 옳으냐를 두고 오랜 논쟁이 이어져왔다. 이 과정에서 사회 여론의 변화도 나타났다. 낙태죄를 유지하는 게 바람직하다는 의견에서 낙태죄 폐지 쪽으로 여론의 방향이 변한 것이다. 그런 점에서 2012년 재판관 4 대 4 의견으로 낙태죄 합헌 판결이 나온 후 7년이 흐른 2019년 4월, 헌법재판소가 어떤 판단을 내릴지 귀추가 주목됐다.

사회 여론 역시 낙태죄 폐지로 기울어져 있었다. 헌법재판소의 판결 전날인 2019년 4월 10일 리얼미터의 조사에 따르면, 응답자 58.3%가 낙태죄 폐지에 찬성했다. 유지해야 한다는 비율은 30.4%였고 '모름·무응답'은 11.3%였다. 헌법재판소의 낙태죄 헌법 불합치 결정은 이러한 사회 인식 변화가 반영된 것으로 보인다.

낙태 허용에 관한 숙의조사

낙태의 범죄화와 처벌에는 수많은 쟁점이 있다. 가장 중요하게 맞서는 가치가 '여성의 자기 결정권'과 '태아의 생명권'이다. 또한 낙태 행위 자체를 반대하는 사람도 이를 국가가 처벌하는 것은 옳지 않다는 의견도 있다.

낙태에 대한 한국인의 생각은 어떨까? 자신의 의견과 반대되는 논리를 접한 후에는 생각을 수정하게 될까? 미묘한 쟁점인 낙태죄 폐지에 관한 여론을 파악하기 위해서 '숙의조사' 방법을 선택했다. 나와 다른 생각을 듣고 생각한 후에 최종 판단을 내리는 방식이다.

예를 들어 한 사람이 '낙태를 추가 허용하자는 의견에 공감하십니까'란 물음에 '공감한다'고 답하면, 두 번째 질문에서 '태아는 그 자체로 생명권을 갖기 때문에 낙태 기준을 완화하면 안 된다'는 낙태 반대 논리를 접하고 이에 대한 '공감·비공감'을 고르게 된다. 만약 '공감', 즉 낙태 반대 논리로 기울면 이번에는 반대로 '임신·출산은 한 사람의 인생에 중대한 영향을 끼치므로 임신부의 자기 결정권을 인정해야 한다'는 낙태 찬성 논리에 대해 답변하게 된다. 응답자들은 이렇게 7차례에 걸쳐 반대 의견을 접하고서 낙태 요건 완화에 관한 최종 입장을 결정했다.

낙태 요건 완화에 공감하십니까?

	매우 공감	다소 공감	다소 비공감	매우 비공감	
1차	316명	203명	56명	125명	
최종	277명	229명	64명	118명	12명 잘 모름

'임신 초기(12주 이내)에 한해 낙태를 추가적으로 허용하자는 의견에 어느 정도 공감하십니까'라는 질문에 처음에는 공감한다는 의견이 519명(74.1%)으로, 공감하지 않는다는 의견(181명, 25.9%)보다 훨씬 높았다.

그리고 응답자가 여러 차례 반대 논리를 접하게 한 후 최종적으로 질문을 던지자 공감 506명(72.1%), 비공감 182명(26.1%)으로 조사됐다. '잘 모르겠다'는 응답은 12명(1.7%)이었다. 수치상으로는 큰 차이가 없어 보이지만, 자세한 내용을 보면 의미 있는 변화가 눈에 띈다.

낙태 허용에 공감한 519명 중 끝까지 의견을 유지한 사람은 477명이었고, 43명은 의견을 바꿨다. 반대한 181명 중에서는 146명만이 생각을 바꾸지 않았다. 응답자 중 78명(11.1%) 즉, 10명 중 1명 이상이 반대 논리를 접하며 자기 생각을 바꾸었다.

공감과 비공감의 정도에도 변화가 나타났다. 처음에 공감 519명 중 '매우 공감'은 316명, '다소 공감'은 203명이었다. 최종 답변에서는 '매우 공감'이 277명으로 줄고, '다소 공감'은 229명으로 늘었다. 비공감에서도 '매우 비공감'은 125명에서 118명으로 줄고, '다소 비공감'은 56명에서 64명으로 늘었다.

낙태 요건 완화 찬성 → 반대로 움직인 논리는?

1 아무리 임신 초기라 할지라도, 태아는 그 자체로 생명권을 갖는다

공감 34.0%	비공감 66.0%

2 태아에 장애가 있다고 해서 낙태를 허용하는 것은 '장애인의 생명은 덜 소중하다'는 인식으로 이어질 우려가 있다

공감 24.7%	비공감 75.3%

3 '부모가 원치 않은 상태에서 태어난 아이는 불행할 것'이라는 생각 때문에 낙태를 허용하는 것은 옳지 않다. 아이의 삶은 부모가 미리 판단할 수 있는 것이 아니다

공감 21.8%	비공감 78.2%

'낙태 요건은 완화돼야 한다'고 답한 이들은 '태아는 그 자체로 생명이다'라는 논리에 가장 크게 흔들렸다. 낙태를 찬성한 응답자의 34.0%가 이 주장에 공감했다. 낙태 찬성 응답자들이 7개의 낙태 반대 논리에 보인 공감률은 평균 18.7%였는데, 이보다 훨씬 높은 수치다. 이어 '태아에 장애가 있다고 해서 낙태를 허용하게 되면 장애 차별 논리로 이어질 수 있다'는 주장에도 24.7%가 공감했다. 이런 답변을 통해 '낙태 기준 완화를 주장하는 것은 생명을 경시하기 때문이라'는 식의 접근은 위험한 논리임을 알 수 있다.

낙태 요건 완화 반대 → 찬성으로 움직인 논리는?

1 장애아가 태어날 경우 부모와 아이는 모두 평생에 걸쳐 고통받을 것이다. 개인에게 장애가 있는 태아도 무조건 낳으라고 강요해선 안 된다

공감 53.0%	비공감 47.0%

2 임신과 출산은 한 사람의 인생에 중대한 영향을 끼치는 만큼 낙태에 대한 임신부의 자기결정권을 인정해야 한다

공감 49.1%	비공감 50.9%

3 낙태죄는 미혼모인 여성에게만 죄를 묻는 불평등한 법이다. 미혼모가 겪게 될 도덕적 비난과 경제적 어려움 등의 상황을 감안해야 한다

공감 41.8%	비공감 58.2%

반대로 '낙태 요건을 완화하면 안 된다'고 답한 응답자들은 장애아·미혼모가 마주해야 할 가혹한 현실 앞에 동요했다. '장애아가 태어날 경우 아이와 부모 모두 평생 고통받을 수 있으므로 무조건 출산을 강요해선 안 된다'는 낙태 찬성 논리에 53.0%가 공감했다. '임신과 출산은 한 사람의 인생에 중대한 영향을 끼친다'는 임신부의 자기 결정권에는 49.1%, '미혼모가 겪게 될 도덕적 비난과 경제적 어려움을 고려해야 한다'는 주장에도 41.8%가 공감했다.

대립보다는 토의와 숙의로 문제를 대하자

숙의조사 결과를 통해 토의를 통한 합리적인 의사결정의 가능성을 엿볼 수 있었다. 낙태를 찬성하는 사람들은 태아의 생명권에 마음이 흔들렸고, 낙태를 반대하는 사람들은 미혼모의 퍽퍽한 현실을 염려했다. 의견이 맞선 이들 간에도 공감대를 안고 있었다. 반대자에게 극단적 꼬리표를 붙이는 것은 옳지 않다. 전화로 7차례 반대 의견을 듣고 자기의 주장을 바꾸는 사람이 많았다는 점은 심도 있는 토론이 진행된다면 더욱 합리적인 판단이 이뤄질 것이라는 전망을 갖게 한다.

이 조사를 진행한 유봉환 우리리서치 대표는 "낙태의 찬성과 반대 의견이 각각 몇 %인지 파악하는 수준을 넘어 주요 쟁점에 대한 입장 변화를 더욱 세밀하게 파악해볼 수 있는 설문조사였다"고 평했다.

전문가들은 낙태 찬반을 놓고 대립하며 상대에 대해 '생명의 가치를 가볍게 여기는 사람'이나 '열악한 여성들의 처지를 배려하지 않는 사람'으로 낙인찍기보다는 낙태가 행해지는 사회 현실을 개선하는 데 사회적 지혜를 더 모아야 한다고 지적했다.

잘 살펴봐야 할 사례가 독일이다. 독일에서는 법적으로 낙태 허용 범위를 넓힌 후 낙태 건수가 오히려 줄었다. 낙태를 부분 합법화하면서 낙태 전 상담을 거치도록 제도화했기 때문이다. 1992년 독일은 법률 개정을 통해 낙태를 부분 합법화하면서 동시에 임신부지원법을 만들어 임신갈등상담소를 전 지역에 세웠다. 낙태하려면 반드시 이곳에서 상담하고 상담 증명서를 의사에게 제출해야 한다. 상담소의 업무는 단순한 상담에서 끝나는 게 아니라 부모가 아이를 낳기로 결정하면 그에 따른 각종 지원을 하고, 출산은 하되 키울 수 없다고 하면 익명으로 출산해 입양 보낼 수 있게 도와준다. 우리 사회에서도 이러한 복지 지원 시스템의 도입이 절실해 보인다.

성별 낙태 요건 완화 조사 결과

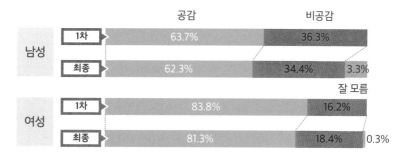

공감 비공감

남성
1차 ▷ 63.7% 36.3%
최종 ▷ 62.3% 34.4% 3.3%

잘 모름

여성
1차 ▷ 83.8% 16.2%
최종 ▷ 81.3% 18.4% 0.3%

낙태 관련 숙의형 여론조사 10대 응답 변화(총 57명 응답)
낙태 요건 완화에 공감하십니까?

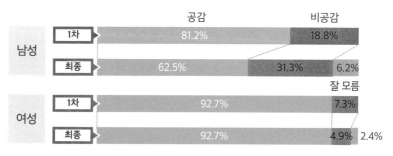

공감 비공감

남성
1차 ▷ 81.2% 18.8%
최종 ▷ 62.5% 31.3% 6.2%

잘 모름

여성
1차 ▷ 92.7% 7.3%
최종 ▷ 92.7% 4.9% 2.4%

'낙태 요건 완화에 관한 숙의조사'는 2018년 7월 3~4일 휴대전화 100% RDD 방식으로 진행됐으며, 전국 만 19세 이상 성인남녀 700명의 응답을 분석했다. 표본오차는 95% 신뢰수준에 ±3.7%p다. 조사는 <세계일보>와 '공공의창'이 함께 설계했으며 수행은 우리리서치가 맡았다. 응답자 특성을 보면 남성이 337명(48.1%), 여성이 363명(51.9%)이었다. 20대는 132명(18.9%), 30대 133명(19.0%), 40대 137명(19.6%), 50대 129명(18.4%), 60대 이상 169명(24.1%)이다. 10대 응답자 57명의 답변 내용은 20대 이상 응답자들의 답변과 별도로 분석했다.

독일 임신갈등상담소 홍보 영상

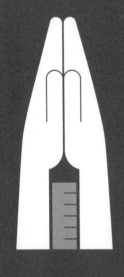

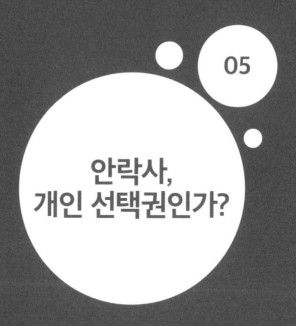

05

안락사,
개인 선택권인가?

2018년 2월 4일, 우리나라에서는 '연명 의료 결정법'이 시행됐다. '존엄사법'으로 불리는 이 법률은 임종에 가까운 환자가 본인 의지나 가족의 동의로 인공호흡기 등의 연명 의료를 중단할 수 있게 한 것이다.

하지만 이것은 매우 소극적인 차원에서의 선택으로 안락사와는 다르다. 안락사는 영양분 공급을 중단하거나 약물을 투입하는 등 환자의 죽음을 인위적으로 앞당기는 행위를 말한다. 조력 자살을 포함한 안락사를 허용하는 국가는 스위스, 네덜란드, 룩셈부르크, 벨기에 등 7개국이다.

한국인은 안락사 허용에 대해 어떻게 생각할까? 찬성과 반대의 이유는 무엇일까? 안락사를 허용해도 되는 경우는 어떤 때일까? 너 나아가 죽음에 대해 어떻게 받아들일까?

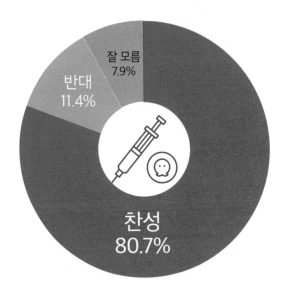

안락사 찬성 80.7%
반대 11.4%
잘 모름 7.9%

안락사 허용에 찬성하십니까?

한국인 10명 중 8명이 안락사 허용에 찬성하는 것으로 나타났다. 고통스러운 치료로 생명을 연장하기보다는 편안한 죽음을 맞이하는 게 더 낫다고 여기는 사람의 비중이 그만큼 높은 것이다.

안락사 찬성 응답자를 살펴보면 남성(88.1%)이 여성(73.3%)보다 더 많았고 20대(91.5%)와 50대(83.8%), 60대 이상(79.9%)에서 찬성 비율이 높았다. 종교별로는 불교(84.3%)에서 찬성 비율이 높지만, 가톨릭(75.1%)과 개신교(71.6%)도 절반이 훨씬 넘는다. 가톨릭과 개신교는 안락사에 대해 공식적으로 부정적 의견이다. 교인들이 평안한 죽음에 대해 분명한 개인적 의견을 지니고 있다고 봐야 할 것이다.

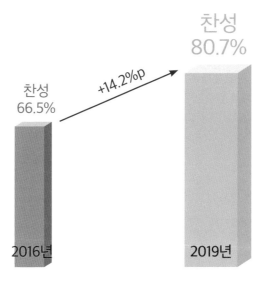

찬성
80.7%

찬성
66.5%

+14.2%p

2016년

2019년

안락사 찬성 여론의 변화 양상

안락사 허용 여론과 관련한 최근 연구는 윤영호 서울대학교 의과대학 교수팀의 2016년 7~10월 조사다. 이때 일반인 1,214명 중 66.5%가 소극적 안락사(영양분 공급 중단 등의 조처, 약물 투입 등의 조력 자살의 단계로 가지 않음)에 찬성하는 의견이었다. 2019년 현재 안락사 찬성 의견이 15%p가량 높아졌다. 그 이유로 2018년 연명 의료 결정법 시행 이후 '죽음의 선택'에 대한 관심이 커졌기 때문이라는 분석이 많다. 또한 홀로 사는 노인 가구가 증가함에 따라 쓸쓸한 고독사를 하기보다는 임종의 순간을 선택하고 싶어 하는 사람이 늘었다는 견해도 나왔다.

안락사 허용에 찬성하거나 반대하는 이유

안락사 허용을 찬성하는 이유로는 '죽음 선택도 인간의 권리'(52.0%)라는 응답이 가장 많았다. 특히 20대(67.3%)와 30대(60.2%)에서 이런 생각이 많았다. 젊은 세대는 안락사를 선택 가능한 또 다른 죽음의 형태로 받아들이고 있다. '병으로 인한 고통을 줄일 수 있기 때문'(34.9%)이라는 점도 안락사 찬성의 주된 이유다.

안락사를 반대하는 가장 큰 이유는 '경제적 이유로 안락사에 내몰리거나 범죄에 악용될 수 있다'(41.6%)는 것이다. '생명 경시 풍조 만연'(31.1%)과 '환자의 회복 가능성을 원천적으로 차단'(15.4%)하는 것도 중요한 반대 이유다.

안락사 허용에 찬성하는 이유

죽음도 인간의 권리	52.0%
고통 감면	34.9%
가족 부담 경감	6.9%
자살 예방	5.3%

안락사 허용에 반대하는 이유

남용이나 범죄 악용 우려	41.6%
생명 경시 풍조 만연	31.2%
소생 가능성 차단	15.4%
종교적 신념 위배	11.8%

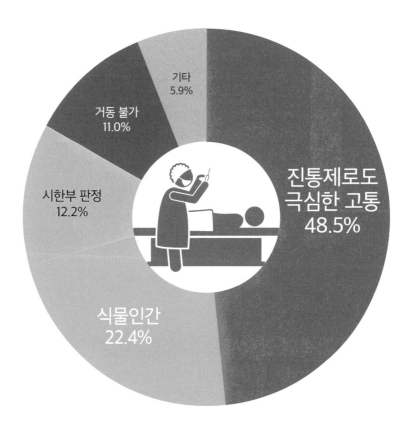

진통제로도
극심한 고통
48.5%

기타
5.9%

거동 불가
11.0%

시한부 판정
12.2%

식물인간
22.4%

안락사를 허용할 수 있는 환자의 상태

안락사를 허용해도 되는 환자의 상태는 진통제로 고통을 막을 수 없을 때(48.5%)
가 가장 많았고, 식물인간 상태(22.4%), 의사로부터 시한부 판정을 받았을 때
(12.2%), 스스로 거동이 불가능할 때(11.0%) 등이 그다음 순이었다.

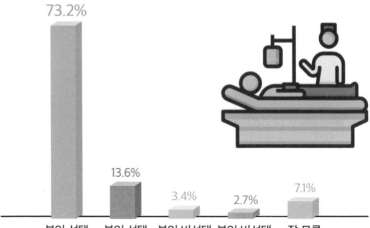

73.2%

13.6%

3.4%

2.7%

7.1%

본인 선택
가족 허용

본인 선택
가족 불허

본인 비선택
가족 허용

본인 비선택
가족 불허

잘 모름

자신과 가족의 안락사를 선택할 의향이 있는가?

자신이나 가족이 불치병에 걸렸을 경우 실제로 안락사를 선택할 의향이 있느냐
는 질문에 응답자 73.2%는 자신과 가족 모두 안락사를 선택하겠다고 답했다. 자
신은 안락사하겠지만 가족에게는 시행하지 않겠다는 응답은 13.6%였고, 자신은
안락사하지 않겠지만 가족에게는 시행하겠다는 응답이 3.4%였다. 모두 90.2%가
자신 또는 가족의 안락사를 허용하겠다는 뜻을 밝혔다.

이것은 한국인들이 우리나라의 죽음의 환경을 긍정적으로 받아들이지 않고 있
다는 반증이다. 영국의 이코노미스트연구소(EIU)는 임종을 앞둔 환자의 통증과
가족의 심리적 고통을 덜어주는 의료 시스템 발달 정도를 평가하는 '죽음의 질
지수'를 개발했다. 2015년 80개국을 대상으로 순위를 매겼는데 한국은 유럽과
오세아니아 선진국은 물론 대만(6위), 싱가포르(12위), 일본(14위) 등 아시아 주요국
보다 뒤처진 16위에 그쳤다. 세계 5위권의 의료 기술과 건강보험 제도를 갖춘 국
가에 걸맞지 않게 평안한 죽음의 여건이 부족하다.

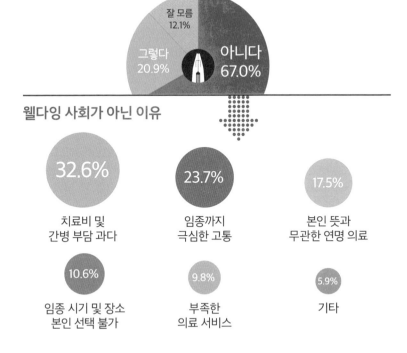

웰다잉 사회가 아닌 이유

| 32.6% | 23.7% | 17.5% |
| 치료비 및
간병 부담 과다 | 임종까지
극심한 고통 | 본인 뜻과
무관한 연명 의료 |

| 10.6% | 9.8% | 5.9% |
| 임종 시기 및 장소
본인 선택 불가 | 부족한
의료 서비스 | 기타 |

한국은 존엄한 죽음의 여건을 갖추었는가?

'한국이 죽음을 엄숙하고 존엄하게 맞을 여건을 갖춘 사회인가'라는 질문에 부정(67.0%)이 긍정(20.9%)보다 3배 이상 많았다. 치료비와 간병 부담이 너무 크고 (32.6%), 임종 직전까지 극심한 고통(23.7%)에 시달리기 때문이라고 했다. 전문가들은 이런 답변이 모르핀 등 마약성 진통제 처방이 세계 최저 수준인 것과 관련이 있다고 분석한다. 만성 통증 환자는 비마약성 진통제로는 한계가 있어 마약성 진통제를 쓸 필요가 있다. 하지만 환자는 마약이라는 어감 탓에 중독성이 있을 것이란 잘못된 편견을 갖고 있다. 또한 의료진도 사후 책임을 우려해 처방을 꺼리는 경우가 적지 않다.

죽음을 어떻게 받아들이십니까?

죽음에 대한 감정과 수용성을 조사하기 위해 응답자에게 '한국인의 죽음'과 연상이 잘 되는 단어를 골라달라고 부탁했다. 고독(67.6%)−유대(32.4%), 불안(63.4%)−평안(36.6%), 종결(63.3%)−연속(36.7%) 중에서는 부정적인 어휘 선택이 대다수였다. 특히 20대 젊은 층과 미혼·이혼 등 배우자가 없을 때 부정적인 어휘 선택 비율이 높았다.

하지만 죽음에 대한 수용(71.6%)이 거부(28.4%)보다 3배 가까이 크다. 죽음이 두렵고 무섭지만 피할 수 없는 만큼 당당하게 맞이하겠다는 마음가짐이 보인다. 보살핌(71.4%)도 방치(28.6%)보다 많은 선택을 받았다. 물질만능주의와 핵가족화 속에서도 가족애가 뿌리 깊게 남아 있기 때문으로 풀이된다.

'한국인의 죽음'과 연상되는 단어

부정		긍정
불안 63.4%		평안 36.6%
고독 67.6%		유대 32.4%
비참 36.0%		존엄 64.0%
종결 63.3%		연속 36.7%
거부 28.4%		수용 71.6%
방치 28.6%		보살핌 71.4%
후회 51.0%		만족 49.0%

고통을 느끼지
않아야 한다
18.4%

임종 순간을
스스로 결정한다
18.7%

가족에게
부담 주지 않는다
48.4%

품위 있는 죽음을 위해 필요한 것

품위 있는 죽음을 위한 요건이 무엇인지 물었다. '가족 등 주변에 부담 주지 않는다'가 48.4%로 가장 높은 비중을 차지했다. 그다음은 임종 순간을 스스로 결정하는 것(18.7%), 고통을 느끼지 않는 것(18.4%)이 꼽혔다.

여론조사를 수행한 김대진 조원씨앤아이 대표는 "과거에는 존엄사와 안락사가 살인 또는 자살과 같은 개념으로 인식됐지만, 이번 조사 결과 국민의 생각이 변했다는 게 나타났다"고 평가했다. "젊은 층은 삶과 죽음을 스스로 결정할 수 있다는 주체적 시각, 노년층은 가족에게 부담을 주지 않고 싶다는 이유로 선택적 죽음을 받아들이려는 경향이 보인다"고 말했다.

'안락사 허용'에 관한 조사는 2019년 2월 13~14일 유무선 혼용 ARS 방식으로 진행됐다. 전국 성인남녀 1,000명을 대상으로 했다. 95% 신뢰수준에 표본오차는 ±3.1%p다. <서울신문>과 '공공의창'이 함께 설계했으며 수행은 여론조사기관 조원씨앤아이가 맡았다. 황규성 한국엠바밍 대표(전 을지대학교 장례지도학과 교수)가 자문을 제공했다.

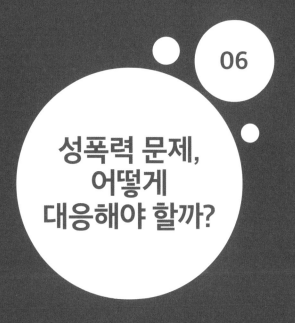

06

성폭력 문제,
어떻게
대응해야 할까?

2018년 한국 사회는 미투(#MeToo) 운동으로 들끓는 용광로 같았다. 사회 곳곳에서 고발이 이어지면서, 성폭력으로 얼룩진 수치스러운 민낯이 드러났다. 검사, 연극인, 시인, 극작가, 배우, 유력 정치인 등이 성폭력 가해자로 고발됐다. 이들은 지위를 잃는 것은 물론 대부분 법정에 섰고 극단적 선택을 하기도 했다.
한국인들은 성폭력에 대해 어떤 관점을 가지고 있을까? 피해를 겪을 때 어떻게 대처할까? 조사와 처벌이 공정하다고 생각하고 있을까?

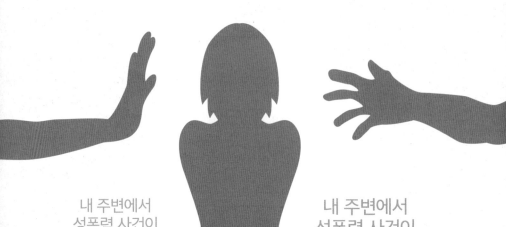

내 주변에서
성폭력 사건이
벌어졌었다
44.5%

내 주변에서
성폭력 사건이
벌어지지 않았다
55.5%

성폭력을 경험하거나 주변에서 본 적이 있습니까?

한국 사회에서 성폭력은 얼마나 쉽게 접하는 일일까? 성폭력을 직접 겪거나 주변
에서 일어난 것을 본 적이 있는지 물었다. 응답자의 44.5%가 자신의 주변에서 성
폭력 사건이 벌어진 적이 있다고 답했다. 이것은 한국인 2명 중 한 명은 직간접적
으로 성폭력을 경험한다는 뜻으로 성폭력이 드물지 않게 일어나는 안타까운 현
실을 드러낸다.

지위·권력을
이용한 문제
62.5%

이성 간 문제
22.6%

?
잘 모름
14.9%

성폭력 문제의 본질은 무엇인가?

한국인 대다수는 성폭력에 대해 남녀 문제가 아닌 지위와 권력을 남용한 문제라
고 생각하고 있다. 성폭력을 바라보는 시각을 물었을 때는 지위·권력을 이용한
문제(62.5%)라는 응답이 이성 간 문제(22.6%)라는 의견보다 압도적으로 많았다. 이
에 대해 정현미 이화여자대학교 젠더법학연구소장은 "성폭력이 권력 문제라고
답한 이들이 많다는 건 문제의 본질을 제대로 인식했다는 점에서 긍정적"이라고
평가했다.

본인이나 지인이 성폭력을 당했다면 어떻게 하시겠습니까?

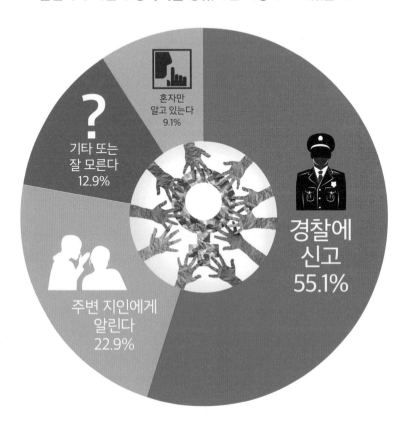

성폭력을 당했을 때 대처 방법으로 '경찰에 신고하겠다'는 응답이 절반 이상 (55.1%)이었다. 그다음으로 '주변 지인에게 알린다'가 22.9%이고 '혼자만 알고 있 겠다'는 응답도 9.1%나 되었다.

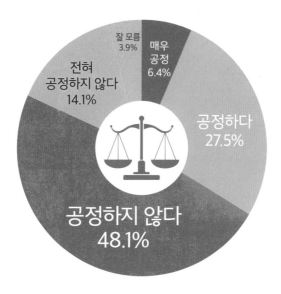

성폭력을 당해 사법기관에 신고하면,
얼마나 공정하게 다룰 것으로 보십니까?

잘 모름
3.9%

매우
공정
6.4%

전혀
공정하지 않다
14.1%

공정하다
27.5%

공정하지 않다
48.1%

사법기관의 성폭력 사건 대처는 공정한가?

성폭력을 당했을 때 대처 방법으로 경찰 신고를 선택한 사람이 가장 많지만, 사법기관이 성폭력 사건을 공정하게 처리한다고 본 응답은 33.9%밖에 되지 않았다. 반면 공정하지 않다고 응답한 비율은 62.2%에 달했다. 신고는 하지만 믿지는 못하겠다는 뜻이다. 특히 여성들은 사법기관이 성폭력 사건을 처리할 때 공정하다(매우 공정+공정)는 응답이 25.1%에 불과했다. 직장 내 성폭력 예방과 대처 제도의 실효성도 낙제점을 받았다. 응답자의 67%는 성희롱 예방 교육 등 예방 제도가 잘 작동하지 않는다고 봤다. 사후 처리 제도가 제대로 작동하지 않는다는 응답도 69.5%에 달했다. 이에 대해 전문가들이 사법기관이 검거와 처벌 중심으로 움직이고, 공론화된 성폭력 사건 중 선고 형량이 낮은 경우가 보도되면서 피해자에게 불공정하게 느꼈을 가능성이 크다고 해석한다.

성폭력 피해 사실 공개에 따른
명예훼손죄 개정이 필요한가?

사법기관에 대한 불신으로 성폭력 사건에 대해 개인이 자신의 피해를 공개하는 것을 지지하는 목소리가 두드러지는 현실이다. 최근 성폭력을 폭로하는 미투 운동이 확산되면서 다시 논의되는 명예훼손죄 개정에 대해 10명 중 9명꼴로 '필요하다'고 답했다.

법 개정 측면에서 성폭력 피해자가 사실적시 명예훼손죄 등으로 인해 입막음을 당하는 일이 없어야 한다는 의견이 절대 다수(87.6%)였다. 여기에 대해 사건이 공정하게 처리되지 않는다면 개인적 움직임이라도 보호할 수 있어야 한다는 본능이 작용했다는 분석도 있다.

성폭력 피해 사실 폭로 후 가해자로부터 명예훼손으로 고소당하는 경우가 많습니다. 이를 막기 위해 명예훼손죄 개정이 추진되는 것에 대해 어떻게 생각하십니까?

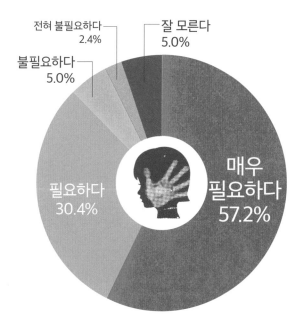

전혀 불필요하다
2.4%

잘 모른다
5.0%

불필요하다
5.0%

필요하다
30.4%

매우
필요하다
57.2%

'성폭력 대응'에 관한 조사는 무선 ARS로 성인남녀 1,036명을 대상으로 진행했다. 전국 성인남녀 1,000명을 대상으로 했다. 신뢰수준 95%에 표본오차 ±3.04%p다. <국민일보>와 '공공의 창'이 함께 기획했으며 수행은 여론조사기관 세종리서치가 맡았다.

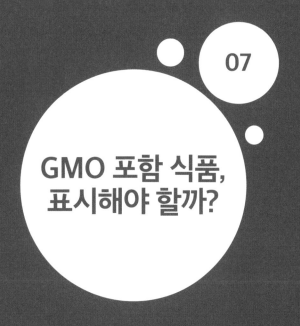

GMO 포함 식품, 표시해야 할까?

07

GMO(Genetically Modified Organism)는 유전자 변형(재조합) 농산물의 영문 약자다. 생산량을 증대하고 유통과 가공의 편리함을 위해 기존 육종 방법으로는 생길 수 없는 형질이나 유전자를 갖도록 개발된 농산물이다.

한국은 식용 GMO를 연간 200만t씩 수입한다. 국민 한 사람이 해마다 40㎏ 이상의 GMO를 먹는 것으로 추정된다. 1인당 연간 쌀 소비량 62㎏과 비교해도 적지 않은 양이다. 수입 물량 대부분은 콩, 옥수수 등이고 간장 같은 장류와 식용유에 쓰인다.

GMO 수용은 찬반이 엇갈린다. 생산 효율성과 편리함을 강조하는 입장도 있지만, 한편에서는 안정성에 대한 불안과 의심을 거두지 않는다.

숙의형 시민 토론 진행

GMO에 반대하는 사람들은 최소한 식품 소비자가 선택할 수 있도록 GMO 포함 여부를 표시해야 한다고 주장한다. 현재는 유통되는 식품에 GMO 포함 여부가 표시되지 않는다. 2018년 3월에는 청와대 국민청원 게시판에 GMO 완전 표시제를 주장하는 청원이 올라왔고 수십만 명이 이에 동의했다. 정부는 안전성 문제에 이견이 있고, 완전 표시제를 시행할 경우 물가 상승과 통상 마찰의 우려가 있어 조심스럽게 검토해야 한다는 원론적 입장이다.

GMO 완전 표시제를 시행하는 것이 옳을까를 주제로 하여 숙의형 시민 토론을 열었다. 중·고등학생 70여 명이 모였고 12개 테이블에 나눠 앉은 뒤 1차로 테이블별 상호 토론을 했다. 이어서 2차 토론에서는 전문가 2명이 찬반 발제문을 발표했다. 이를 바탕으로 3차 토론을 벌여 결론을 냈다. 토론 참가자들에게는 작은 계산기처럼 생긴 투표기가 주어졌고 1차 토론 전, 1차 토론 후, 3차 토론 후에 찬반 투표를 했다.

토론 전 조사에서는 'GMO 완전 표시제 시행'에 대해 59%인 42명이 찬성했고 7명이 반대했다. '유보'가 22명이었다. '학교 급식에서 GMO 식품 금지'에 대해서는 찬성 28명, 반대 21명, 유보 18명이었다.

토론 중에 학교 급식 문제를 주로 다룬 1차 토론에서 학생들은 '안전성'(32명)과 '비용'(14명)에 관한 고민이 가장 많았다. '소비자 선택권'(9명)과 '알 권리'(9명)는 상대적으로 관심이 부족했다.

토론 전후 참여자들의 입장은 어떻게 변했나?(단위: 명)

GMO 완전 표시제 시행

■ 찬성 ■ 반대 ■ 유보

토론 전	42 / 7 / 22
1차 토론 후	53 / 14 / 8
최종 조사	55 / 13

학교 급식 GMO 식품 금지

■ 찬성 ■ 반대 ■ 유보

토론 전	28 / 21 / 18
1차 토론 후	32 / 31 / 11
최종 조사	33 / 34 / 1 (무응답)

1차 토론 후 조사에서 완전 표시제에는 찬성 53명, 반대 14명, 유보 8명으로 찬성 의견이 늘었다. 그러나 '학교 급식에서 GMO 식품 금지'를 다시 조사하자 찬성 32명, 반대 31명, 유보 11명으로 나왔다. 반대가 더 많이 늘어난 것이다.

이후 2차 토론이 시작됐다. 전문가들은 "완전 표시제는 GMO가 안전하지 않기 때문에 요구하는 것이 아니라, 소비자에게 제대로 정보를 알려주라"는 알 권리 요구와 "한국에서 GMO에 대한 우려가 크지만, 실제 수입 품목이 많지 않고 엄격하게 관리되고 있기 때문에 현재로선 안전 문제나 국내 재배 가능성이 없다"는 효율성 관점이 부딪쳤다.

전문가 토론을 들은 참가자들 간의 3차 토론이 진행됐다. 3차 토론 직후 조사에서 'GMO 안전성'에 대해서는 유보한다(27명)는 입장이 가장 많았으나 완전 표시제에 대해서 '성분은 알고 선택하고 싶다'(53명)는 의견이 압도적이었다.

최종 투표에서는 완전 표시제에 찬성하는 사람이 81%인 55명으로 늘었다. 하지만 학교 급식에서 GMO를 금지하자는 것에는 33명이 찬성하고 34명이 반대했다. 모순된 결과로 보이지만, '안전한지 확실히 알 수 없으나 어떤 성분이 들어 있는지 알고 먹어야 한다'는 합리적 판단이 엿보인다.

GMO에 관한 여론조사

숙의형 토론과 별개로 성인을 대상으로 GMO에 관한 여론조사를 진행했다.
GMO 인지도, 안정성, 완전 표시제, 완전 표시제 청원, 급식 금지 등을 물었다.

GMO 완전 표시제에 대한 여론조사

GMO에 대한 인지도

전혀 모른다	16.7%
잘 모른다	22.5%
그저 그렇다	16.7%
어느 정도 안다	35.8%
매우 잘 안다	8.3%

GMO의 안전성

안전하지 않다	48.8%
판단이 어렵다	36.5%
안전하다	5.1%
잘 모르겠다	9.6%

완전 표시제

전혀 공감하지 않는다	6.0%
대체로 공감하지 않는다	9.0%
대체로 공감한다	19.8%
매우 공감한다	56.5%
잘 모르겠다	8.7%

GMO 식품 완전 표시제 청원

청원 찬성	72.5%
청원 반대	5.7%
내용을 모른다	21.8%

GMO 식자재 급식 금지

금지해야 한다	57.4%
상황에 따라 결정	25.5%
허용해야 한다	7.9%
잘 모르겠다	9.2%

'GMO 완전 표시제' 등에 관한 숙의형 토론은 <경향신문>과 '공공의창'이 함께 기획했으며 수행은 여론조사기관 코리아스픽스가 맡았다. 토론회는 2018년 5월 12일 서울 마포중앙도서관에서 중·고등학생 71명이 참여해 진행됐고 퍼실리테이터가 토론을 보조했다. 이와 별개로 코리아스픽스가 전국 성인남녀 803명을 상대로 여론조사를 진행했다.

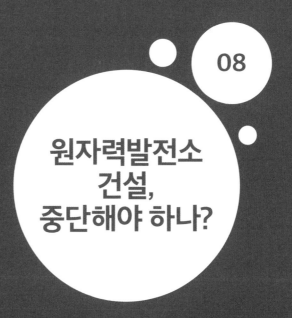

08

원자력발전소 건설, 중단해야 하나?

2017년 6월 정부가 신고리 원전 5·6호기 건설 공사 중단을 발표한 후 정부 탈원전 정책을 두고 거센 찬반 양론이 일었다. 정부는 공론화위원회를 구성하고 3개월의 공론화 과정을 거친 후 건설 재개에 관한 최종 의사결정을 하기로 했다. 이와 별개로 2017년 8월 25일 온라인 숙의형 여론조사를 통해 국민 의견과 변화 방향을 가늠해보기로 했다. 온라인 숙의조사로는 국내 최초 시도였다. 공론조사는 '지금 현재의 찬반 의사'를 묻는 일반적인 여론조사와 달리 국민을 대변할 수 있는 시민 참여단을 뽑아 충분한 정보를 제공하고 토론을 거쳐 결론을 낸다. 이번 숙의형 여론조사는 공론조사의 온라인 축소판으로 볼 수 있다.

신고리 5·6호기 원전 건설 중단
숙의형 여론조사 흐름도 및 결과(단위: 명)

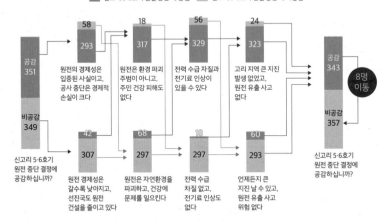

■ '신고리 5·6호기 건설 중단'에 공감   ■ '신고리 5·6호기 건설 중단'에 비공감

공감 정도는 1(매우 공감)~8(전혀 공감 안 됨)점으로 응답.
1~4점은 공감, 5~8점은 비공감으로 집계

숙의조사 방식

숙의조사 방식은 나와 다른 생각을 들어보고 충분히 생각한 후 결론을 내리는 방식이다. 그래서 응답자가 앞서 대답한 것과 반대되는 논리를 이어 묻는 방식으로 진행된다. 예를 들어 '신고리 건설 중단에 공감한다'고 답한 사람에게는 '원전 경제성은 입증된 사실이고 진행 중인 공사를 중단하는 것은 손실이 크다'는 건설 중단 반대 의견을 들어본 후 이에 대해 공감·비공감으로 답하게 한다. 그런데 신고리 건설 중단에 반대하는 쪽으로 의견을 바꿔 공감했다면 그다음 질문에서 '원전은 자연환경을 파괴하고 건강에 문제를 일으킨다'는 건설 중단 지지 논리를 듣고 다시 공감·비공감을 선택하게 된다. 이 같은 방식으로 전력 수급과 안전성에 대한 질문을 이어간 뒤 신고리 건설 중단에 대한 최종 입장을 결정하게 했다.

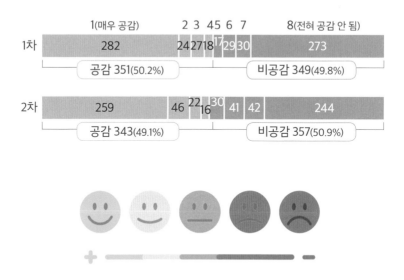

신고리 5·6호기 건설 중단에
어느 정도 공감하십니까?(단위: 명)

신고리 원전 5·6호기 공사 중단에 관한 의견 변화

조사 결과 처음에는 '신고리 원전 건설 중단에 공감한다'는 의견이 비공감한다는 쪽보다 2명 많았다. 그러나 쟁점 검토 및 숙의 후 최종적으로 건설 중단에 대한 공감 여부를 묻자 비공감한다는 의견이 14명 더 많아졌다. 공감에서 비공감으로 8명이 이동한 셈이다.

특이한 점은 응답자 700명 중 153명(22%)이 설문 진행 과정에서 찬반을 오갔다는 사실이다. 이것은 기존 단순 여론조사 방식의 한계를 보여준다고 할 수 있다.

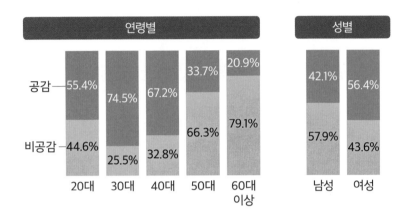

쟁점 검토 후 '신고리 5·6호기 건설 중단' 그룹별 의견

| 연령별 | | | | | 성별 | |

공감	55.4%	74.5%	67.2%	33.7%	20.9%	42.1%	56.4%
비공감	44.6%	25.5%	32.8%	66.3%	79.1%	57.9%	43.6%
	20대	30대	40대	50대	60대 이상	남성	여성

의견을 바꾸게 한 논리는

조사 결과 처음에 '건설을 중단하는 것이 좋다'고 답한 이들은 경제성과 전력 수급 차질 논란에 마음이 흔들리는 경우가 많았고, 환경 피해와 안전성 논리로 기존 주장을 굳히는 경향을 보였다. 반대로 '건설을 중단하지 않는 것이 좋다'는 응답자들은 경제성과 전력 수급 논리로 기존 입장을 유지했고, 환경 피해와 안전성 문제로 기존 입장에서 돌아서는 모습을 보였다.

대전·충청의 55.2%, 광주·전라는 60.8%가 건설 중단에 공감한 반면 대구·경북에서는 66.8%가 건설 중단에 공감하지 않았다. 원전이 상대적으로 많은 곳에서는 원전 가동에 따른 경제적 효과를, 원전이 적거나 없는 곳에서는 환경 문제를 더 크게 생각하기 때문으로 풀이된다. 남성은 건설 중단 비공감 비율(57.9%), 여성은 공감 비율(56.4%)이 높게 나타났다. 연령별로 보면 30~40대 중에는 건설 중단에 공감하는 쪽(각 74.5%, 67.2%)이 많았고 50대와 60대 이상에서는 비공감 의견(66.3%, 79.1%)이 훨씬 많았다.

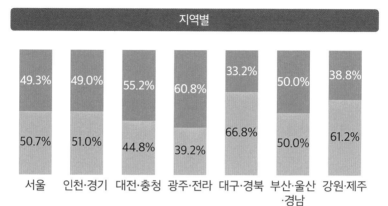

지역별

서울	인천·경기	대전·충청	광주·전라	대구·경북	부산·울산·경남	강원·제주
49.3%	49.0%	55.2%	60.8%	33.2%	50.0%	38.8%
50.7%	51.0%	44.8%	39.2%	66.8%	50.0%	61.2%

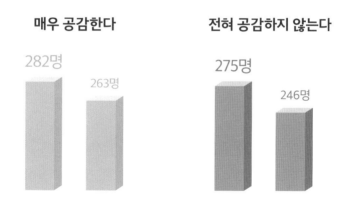

매우 공감한다

282명
263명

전혀 공감하지 않는다

275명
246명

숙의조사 결과 드러난 흥미로운 사실은 쟁점을 검토하고 난 뒤 가장 적극적인 공감·비공감층이 줄어든다는 점이다. 응답자들은 건설 중단에 대한 공감·비공감 정도에 점수를 매겨 의사를 표현했다. 처음 건설 중단에 대해 물었을 때는 '매우 공감한다'(1점)가 282명, '전혀 공감 안 된다'(8점)는 275명이었지만 최종 질문 단계에서는 '매우 공감한다'가 263명, '전혀 공감 안 된다'는 246명으로 줄었다.

공론조사 결과와 비교

2017년 10월 20일, 신고리 5·6호기 공론화위원회는 3개월간 공론화 과정을 거쳐 '건설 재개 59.5%, 건설 중단 40.5%'의 결과를 발표하며 원전 공사 재개를 권고했다. 공론화 조사에 앞섰던 온라인 숙의형 조사는 공론조사의 실제 결과, 결과가 나오게 된 배경과 이유, 애초 공개되지 않았던 참가자들의 공론조사 이전 찬반 비율 등을 오차범위 내에서 예측했다. 유효한 여론조사 방법으로 가치를 인정받았다고 할 수 있다.

2017년 8월 25일. 전국 성인남녀 700명을 대상으로 신고리 5·6호기 공사 중단에 관한 온라인 숙의형 조사를 진행했다. <세계일보>와 공공의창이 기획하고 여론조사기관 우리리서치가 조사를 수행했다. 95% 신뢰수준에 최대 허용오차는 ±3.7%p다.

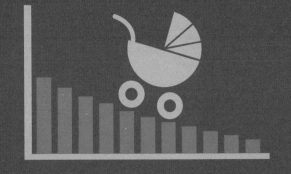

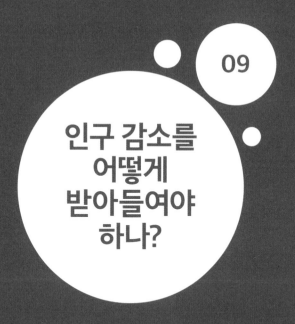

09

인구 감소를
어떻게
받아들여야
하나?

2019년 3월 28일 통계청은 <장래 인구 특별 추계>를 발표했다. 장래 인구 추계는 매 5년 단위로 발표하는 것으로 2021년이 통상적인 발표 시점이다. 하지만 초저출산 등 인구 구조의 변동 흐름이 급박하다고 판단해 앞당겨 통계를 내놓은 것이다. 2019년부터 사망자 수가 출생자 수보다 많아지는 데드 크로스(dead cross)가 시작될 전망이다. 이러한 인구 감소의 결과 이민자를 포함한 한국 인구는 2028년 5,194만 명으로 정점을 찍은 뒤, 2029년부터 감소할 것으로 예측된다. 현재의 출산율이 계속된다면 총인구는 2044년에 5,000만 명 벽을 뚫고 2066년 3,000만 명 대로 낮아지며, 2117년에는 2,081만 명에 그치게 된다. 생산가능인구 감소는 이미 2017년부터 시작됐으며 이 추세가 더 굳어져 2020년대에는 연평균 33만 명씩 줄어들 것으로 보인다. 이러한 인구 구조 변화와 인구 감소는 사회 전체에 영향을 미치며 위기의식을 불러일으키고 있다. 인구 감소에 대한 한국인의 인식은 어떤지를 들여다보았다.

인구 감소는 사회경제적 위기라는 의견에 공감하는가?

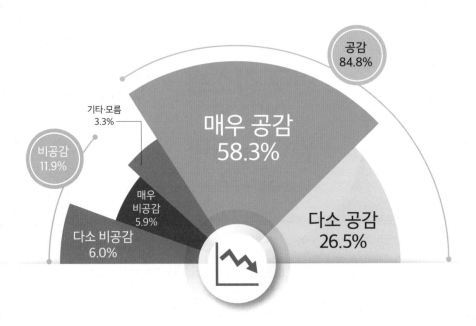

공감
84.8%

매우 공감
58.3%

기타·모름
3.3%

비공감
11.9%

매우
비공감
5.9%

다소 비공감
6.0%

다소 공감
26.5%

인구 감소, 한국의 위기인가?

한국인 10명 중 8~9명은 인구 감소가 사회의 위기 요인이라고 인식하고 있다. 특히 40대(87.1%), 생산기술직(90.7%), 월평균 가구소득 350만 원 이상 500만 원 미만에 속한 사람(93.0%) 중에서 위기라는 응답이 가장 많았다.

'정부나 사회가 인구 감소에 충분히 대비하고 있다'는 주장에는 비공감이 70.6% 였다.

인구 감소에 따른 각 항목의 부정적 영향은?

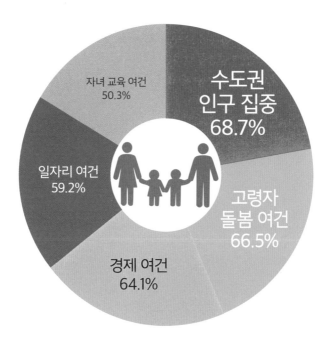

자녀 교육 여건
50.3%

수도권
인구 집중
68.7%

일자리 여건
59.2%

고령자
돌봄 여건
66.5%

경제 여건
64.1%

인구 감소가 초래할 영향

인구 감소가 초래할 영향을 수도권 인구 집중, 고령자 돌봄 여건, 경제 여건, 일자리 여건, 자녀 교육 여건 면에서 각각 긍정과 부정 측면에서 질문했는데 모든 항목에서 부정적 전망이 높았다. 다만, 일자리 여건 전망에서 20대(19세 포함)는 긍정적으로 보는 전망이 49.1%로 부정적 응답 41.5%보다 높았다.

인구 감소, 기회가 될 수 있는가?

조사 결과 인구 감소에 대해 위기의식을 느끼면서도 이것이 기회로 작용할 수 있다고 생각하는 비중이 꽤 높음이 드러났다. 국민의 절반 이상이 인구 감소가 사회경제적 기회라는 의견에 공감을 나타낸 것이다. 특히 나이가 많을수록, 소득이 낮을수록 인구 감소를 기회로 보는 응답이 많았다.

인구 감소가 사회경제적 기회로 작용할 수 있다는 의견에 공감하는가?

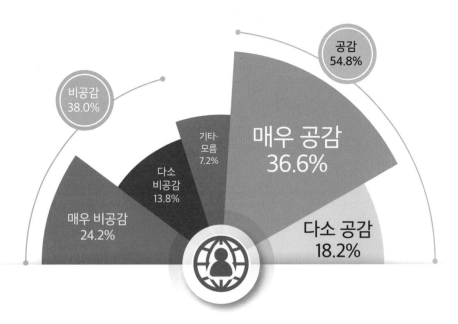

비공감
38.0%

공감
54.8%

기타·모름
7.2%

매우 공감
36.6%

다소 비공감
13.8%

매우 비공감
24.2%

다소 공감
18.2%

연령대별 공감 분포

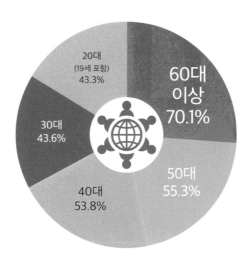

20대
(19세 포함)
43.3%

60대
이상
70.1%

30대
43.6%

50대
55.3%

40대
53.8%

월평균 가구 소득별 공감 분포

500만 원
이상
48.7%

350만 원 이상
500만 원 미만 48.7%

200만 원 이상
350만 원 미만 57.0%

200만 원 미만 63.6%

현재 수준과 비교할 때 우리나라의 적정한 인구는?

	전 연령 평균	19세/20대	30대	40대	50대	60대 이상
현재보다 감소해야	16.2%	26.2%	19.6%	16.3%	11.7%	10.7%
현재 수준이 적정	32.7%	31.3%	37.8%	29.5%	35.6%	30.5%
현재보다 증가해야	45.9%	31.2%	39.6%	51.8%	49.6%	52.6%
기타·모름	5.2%	11.3%	3.0%	2.4%	3.1%	6.2%

적정 인구 규모는?

한국의 적정 인구 규모에 대해서는 '현재보다 증가해야 한다'는 응답이 가장 많았다. 이어서 '현재 수준이 적정하다'와 '현재보다 감소해야 한다' 순이었다. 인구가 현재보다 '감소해야 한다'는 응답은 20대(19세 포함)에서 가장 높았다. 이 연령대에서는 '현재 수준이 적정하다'는 답이 '현재보다 증가해야 한다'보다 약간 높았다. '현재 수준이 적정하다'는 응답은 30대에서, '인구가 증가해야 한다'는 응답은 60세 이상(52.6%)에서 가장 높게 나타났다.

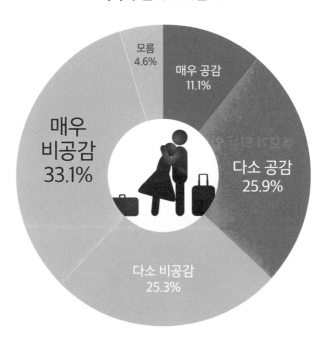

인구 감소에 대응하기 위해 외국인 이주 정책을
적극 추진해야 하는가?

모름
4.6%

매우 공감
11.1%

매우
비공감
33.1%

다소 공감
25.9%

다소 비공감
25.3%

외국인 이민이 인구 감소의 해결책이
될 수 있나?

출산율이 낮은 상황에서 인구 규모를 유지하거나 늘리는 방법은 외국으로부터
이주를 받는 것이다. 그런데 이런 방안에 대해서는 부정적 의견이 높은 것으로
조사되었다.

인구 감소를 사회경제적 기회로 본 응답자들은 대체로 '인구가 현재보다 감소해
야 한다'에 공감 69.8%, 비공감 24.4%, '이민 정책을 지금보다 적극 추진해야 한
다'에 공감 62.3%, 비공감 32.0%로 공감하는 비율이 높았다.

출산에 대한 인식

한국인 10명 중 8명은 부모가 되는 것이 가치 있다고 인식하고 있는 것으로 나타났다. 이상적인 자녀 수로는 2명이라고 응답한 사람이 가장 많았고, 그다음으로 3명, 1명, 4명 이상 순이었다. 연령대가 높을수록 이상적인 자녀의 수가 늘어나는 경향을 보였다.

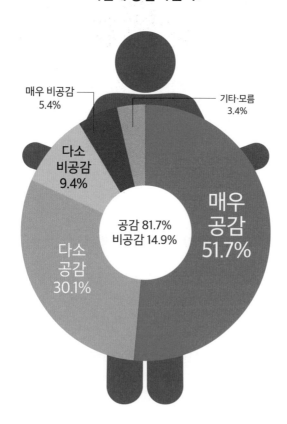

**부모가 되는 일은 인생에서 가치 있는 일이라는
의견에 공감하는가?**

매우 비공감
5.4%

기타·모름
3.4%

다소
비공감
9.4%

공감 81.7%
비공감 14.9%

매우
공감
51.7%

다소
공감
30.1%

이상적인 자녀의 수는?

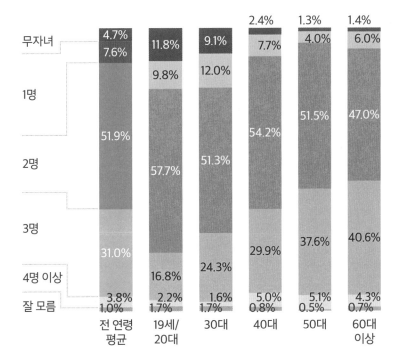

'인구 감소에 대한 국민인식조사'는 <경향신문>과 공공의창이 공동 기획하고 여론조사 전문
기관 리서치뷰가 2018년 12월 17~19일 전국 성인남녀 1,000명을 대상으로 시행했다. 휴대폰
ARS 방식으로 진행했다. 2만 7,086명에게 전화를 걸어 1,000명에게서 답변을 받았고(응답률
3.7%), 표본오차는 95% 신뢰수준에 ±3.1%p다. 대상자 표집은 2018년 11월 말 현재 행정안전
부 발표 주민등록인구를 기준으로 성별·연령별·지역별로 비례 할당했다. 질문 작성과 감수 과정
에서 한국인구학회의 도움을 받았다.

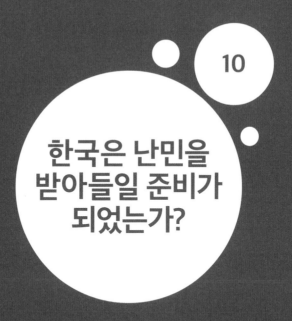

10

한국은 난민을 받아들일 준비가 되었는가?

2018년 6월, 500명 이상의 예멘인들이 비자가 필요 없는 제주도에 입국해 대거 난민 신청을 했다. 한국 사회는 난민 수용을 놓고 격렬한 논쟁에 빠졌다. 인도주의와 현실적 두려움이 팽팽히 맞섰다. 유럽 국가들이 중동 국가 출신의 난민들에 대한 입국 심사를 강화하는 등 난민 수용에 소극적인 추세와도 맞물렸다. 한국에서는 2013년 6월 난민법을 시행한 이후 난민 신청은 늘었지만, 난민 판정과 수용 비율은 매우 낮다.

한국인들은 난민의 수용에 대해서 어떻게 생각하고 있을까? 이에 대해 숙의형 웹 조사를 시행했다. 응답자들은 난민 수용에 대해 답변한 후 자신의 의견과 반대되는 논리 6가지를 접한다. 그 후 결론을 내리게 된다. 이 과정에서 생각의 변화를 추적해 보았다.

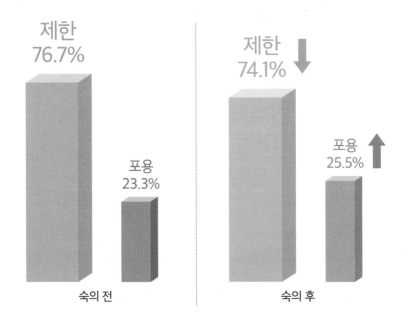

난민을 제한해야 하는가, 수용해야 하는가?

제한
76.7%

포용
23.3%

숙의 전

제한
74.1%

포용
25.5%

숙의 후

난민 제한과 수용에 관한 의견

응답자들은 숙의형 웹조사 과정에서 생각의 큰 변화를 보이지 않았다. 반대 논리를 접하기 전에 제한적 접근이 76.7%, 포용적 접근이 23.3%였는데 숙의 과정을 거친 후 제한적 접근이 74.1%로 약간 줄고 포용적 접근이 25.5%로 약간 늘어난 정도에 그쳤다.

현실적으로 난민 수용을 꺼리는 의견이 많았지만, 인도주의적 시각을 가진 것으로 드러났다. 해외 원조의 필요성에 대해서 다수의 응답자가 공감한 것이다. "우리나라도 사회경제적으로 어려운 나라에 지금보다 더 적극적인 도움을 주어야 한다는 의견"에 대해서는 응답자의 59.9%가 공감을 표시했다. 특히 최종 응답에서 난민 수용에 '다소 제한적'이라 응답한 이들의 71%가 외국 지원 원조의 필요성에 대해서는 공감했다.

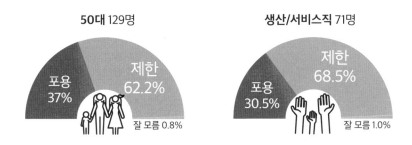

난민 수용에 대한 의견

50대 129명

포용 37%
제한 62.2%
잘 모름 0.8%

생산/서비스직 71명

포용 30.5%
제한 68.5%
잘 모름 1.0%

적극적 진보 성향 96명

포용 44.8%
제한 55.2%

난민에게 가장 포용적인 계층은?

난민에 가장 포용적인 계층은 블루칼라(생산·서비스직), 50대, 진보적 성향으로 조사됐다. 학생 중 12%, 전업주부의 23%가 난민에 대한 포용적 접근에 공감했지만, 생산·서비스직에 종사하는 이들은 30.5%가 포용적 태도를 보였다. 연령대로는 20·30대(11.9%·17.6%) 청년층보다 50대(37%) 장년층에서 훨씬 포용적으로 나타났다. 이것은 화이트칼라나 젊은이들이 인도주의적 관점일 것이란 고정관념과 배치된다.

조사를 수행한 타임리서치의 박해성 대표는 "다른 직업군에 비해 외국인 노동자를 접할 기회가 많은 생산·서비스직 종사자들이 난민 문제에 포용적인 태도를 보인 것으로 보인다"고 분석했다. 즉, 난민에 대한 전반적인 반대 여론이 실체와 상관없이 형성됐을 가능성이 있음을 시사하는 지점이다.

난민 제한 논리 중 설득력을 발휘한 의견

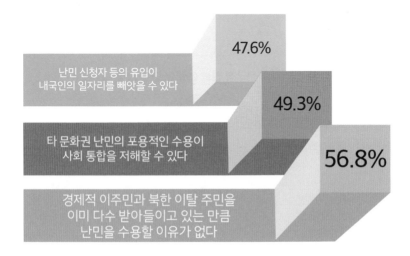

47.6%
난민 신청자 등의 유입이
내국인의 일자리를 빼앗을 수 있다

49.3%
타 문화권 난민의 포용적인 수용이
사회 통합을 저해할 수 있다

56.8%
경제적 이주민과 북한 이탈 주민을
이미 다수 받아들이고 있는 만큼
난민을 수용할 이유가 없다

난민 제한과 포용 입장의 변화를 이끈 논리

난민에 대해 수용 의견을 가진 사람들은 경제적이고 현실적인 반대 논리에 마음
이 흔들렸고, 난민 수용에 배타적인 입장을 가진 응답자들은 난민의 문제를 더는
피할 수 없다는 현실 인식과 한때 한국인도 난민이었다는 감정적 호소에 공감했
다. 하지만 '통계와 인도주의'를 통한 설득은 대부분 80% 이상의 비공감을 얻는
등 거의 효과가 없었다. 통계적 수치를 들어 통념을 반박하거나, 인도주의적 의무
에 호소하는 당위적인 접근들은 배타적 응답자들의 생각을 거의 바꾸지 못했다.

난민 포용 논리 중 설득력을 발휘한 의견

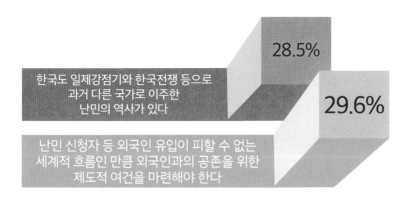

28.5%

한국도 일제강점기와 한국전쟁 등으로
과거 다른 국가로 이주한
난민의 역사가 있다

29.6%

난민 신청자 등 외국인 유입이 피할 수 없는
세계적 흐름인 만큼 외국인과의 공존을 위한
제도적 여건을 마련해야 한다

숙의형 웹조사 중 난민에 대한 제한 논리에 대해 한국외국어대학교 조정현 교수는 "법적·사회적 의미가 전혀 다른 난민과 경제적 이주민이 '국내에 들어온 외국인'으로 함께 묶이는 것으로 보인다"고 지적했다. 그리고 "외국인이 국내로 유입되면 사회 갈등이 유발되고 일자리를 빼앗긴다는 공포는 현실적인 공포라기보다는 '상상'에 기반을 둔 것"이라며 "정부는 난민 반대 여론에 편승할 게 아니라 불안감을 잠재울 '시스템' 조성에 앞장서야 한다"고 짚었다. 단순한 찬반 여론을 넘어 다원화된 여론을 고려한 갈등 관리와 정책 추진이 필요한 상황이다.

'난민 수용에 대한 숙의형 조사'는 <한겨레>와 공공의창이 공동 기획하고 여론조사 전문기관 타임리서치가 2018년 7월 26~27일 전국 성인남녀 700명을 대상으로 '모바일 숙의형 여론조사' 방식으로 시행했다. 조사 대상은 지역별·연령별·성별 유권자 구성비에 따라 층화 표본 추출했다. 표본오차는 95% 신뢰수준에서 최대 허용오차가 ±3.7%p다.

11

장애인 이웃을 반갑게 맞이할 수 있나?

우리 사회에는 많은 장애인이 있다. 장애인이 비장애인과 함께 살아가야 함은 당연한 일이다. 비장애인과 장애인이 같은 공간을 사용해야 할 수도 있고, 장애인의 특성을 고려한 별도의 생활 공간이나 교육 시설이 필요한 경우도 있다. 이런 공동체의 과제에 대해 한국인들은 어떻게 생각하고 있을까? 여기에 대해 2가지로 나눠 접근할 필요가 있다. 먼저 장애인과 비장애인의 공존을 원론적으로 찬성하느냐이고, 그 다음 실제 자신의 이웃에 장애인 생활 공간을 받아들일 수 있느냐이다.

장애인과 비장애인이 함께 사는 사회가 이상적인가?

한국인 10명 중 7명은 장애인과 비장애인이 지역에서 어우러져 함께 지내는 것이 공동체의 성숙에 더 도움이 된다고 생각하고 있다.

장애인·비장애인 구분 없이 함께 생활하는 게 지역과 사회 발전에 더 이로운가?

공감한다
70.7%

공감하지 않는다
모르겠다
29.3%

거주하는 지역에 장애인 생활 공간이 들어오는 것을 찬성하는가?

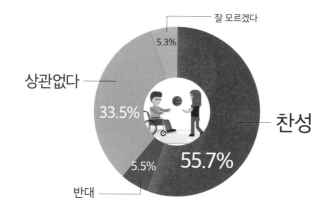

잘 모르겠다
5.3%

상관없다
33.5%

찬성
55.7%

5.5%
반대

자녀가 다니는 어린이집이나 학교에 특수교사의 도움을 받는 발달장애인이 함께 다니는 것을 찬성하는가?

찬성	62.4%
반대	6.9%
상관없다	24.6%
잘 모르겠다	6.1%

장애인 이웃 받아들이기

장애인과의 공생에 대해서는 감수성이 높다. 그런데 '장애인과 함께 살기'가 실제 나의 삶에 닥쳤다고 가정했을 때는 어떨까? 응답자들은 보수적인 성향을 보였다. 자신이 사는 동네에 장애인 생활 공간이 생기거나 자녀가 다니는 학교에 발달장애인(지적·자폐)이 다니는 것에 대해서 낮은 찬성률을 보였다. 이런 경향은 20대에서 두드러졌다.

인권 의식 수준과 현실 인식 사이의 괴리

지역에 장애인 생활 공간이 들어오는 데 반대한 사람(5.5%)의 39.0%, 장애인과 학습권을 공유하는 데 반대한 사람(6.9%)의 36.1%가 '장애·비장애인 구분 없이 함께 생활하는 데는 동의한다'고 응답했다.

무관심도 적지 않았다. 장애인 생활 공간의 지역 내 설립과 관련해 '별로 상관없음'(33.5%)과 '잘 모름'(5.2%) 등 유보적 답변이 38.7%, 발달장애인과 학교를 함께 다니는 것에 대한 유보적 답변도 30.7%였다. 명확히 의견을 표시하지 않은 응답자는 이런 일에 맞닥뜨렸을 때 반대로 기울 가능성도 배제할 수 없다.

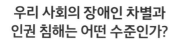

우리 사회의 장애인 차별과 인권 침해는 어떤 수준인가?

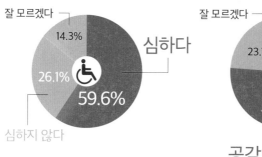

잘 모르겠다
14.3%

심하다

26.1%

59.6%

심하지 않다

발달장애인이 폭력성이 강하다는 통념에 공감하는가?

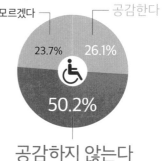

잘 모르겠다
23.7%

공감한다
26.1%

50.2%

공감하지 않는다

발달장애인의 범죄율이 높다는 통념에 공감하는가?

잘 모르겠다

사실일 것이다

8.9%

24.6%

66.5%

사실이 아닐 것이다

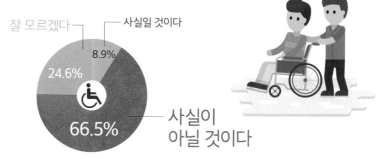

장애인에 대한 이해와 인권 감수성

장애인에 대한 이해와 인권 감수성은 전반적으로 높게 나타났다. 장애인 차별 실태에 대해서는 10명 중 6명이 심하다고 응답했고, 발달장애인의 폭력성이나 범죄율이 높다는 의견에는 공감하지 않는 비율이 훨씬 더 높았다. 장애인의 생활 공간 지역 내 설립에 반대한 사람의 47.8%도 발달장애인의 범죄율이 비장애인보다 딱히 높다고 생각하지는 않았다. 범죄와의 연관성을 낮게 보는데도 장애인 거리 두기를 하는 셈이다.

장애인과 함께 사는 사회를 만들기 위해 가장 먼저 필요한 것은?

44.5%	장애인에 대한 편견 극복과 인식 개선
30.7%	학교·직업 교육기관 확대
17.8%	보건 복지 서비스 구축
7.0%	잘 모름, 기타

성년 후견을 받는 의사결정 능력 장애인이나 정신장애인이 공무원이나 전문성이 필요한 직업 활동을 할 수 없도록 제한한 데 대해서 어떻게 생각하는가?

47.2%	법으로 기회마저 차단하는 것은 옳지 않다
34.8%	법으로 자격을 제한해야 한다
18%	잘 모름, 기타

장애인 정책에 관한 의견

한국인들은 장애인 자녀 육아 등 장애인에 대한 사회적 지원에 대해 공감하는 의견이 높았다. 다만 어린 자녀를 둔 30대에서 장애인 자녀 육아를 국가에서 전폭 지원해야 한다는 데 대한 동의가 가장 낮았다(39%). 이것은 국가의 한정된 보육 자원 배분 문제로 보수적인 응답 성향을 보인 것으로 풀이된다.

장애인과 함께 사는 사회를 만들 때 필요한 것으로 편견 극복과 인식 개선, 학교·직업 교육기관 확대, 보건복지 서비스 구축 등을 들었다. 다만 '발달장애인의 폭력성에 공감한다'는 응답자의 39.4%, '범죄율이 상대적으로 높다'는 데 동의한 응답자의 34.7%도 편견과 인식 개선을 선행 요건으로 꼽은 것은 모순적인 결과다.

장애인 자녀의 육아비 국가 지원을 어느 정도로 해야 하는가?

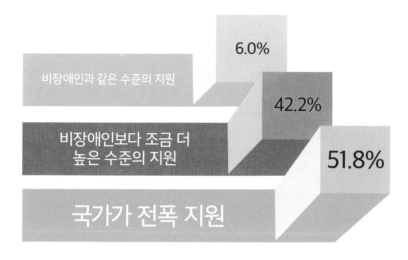

비장애인과 같은 수준의 지원 6.0%

비장애인보다 조금 더 높은 수준의 지원 42.2%

국가가 전폭 지원 51.8%

정부의 장애인 정책에 대해 평가하면?

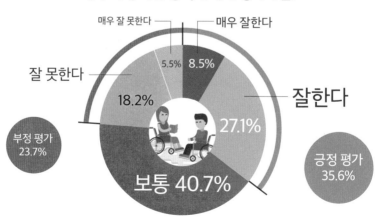

매우 잘 못한다 — 5.5%
매우 잘한다 — 8.5%
잘 못한다 — 18.2%
잘한다 27.1%
부정 평가 23.7%
보통 40.7%
긍정 평가 35.6%

20대, 높은 장애인 인권 감수성과 낮은 수용성

장애인에 대한 이해 수준이나 인권 감수성은 20대가 특히 높았다. 전 연령대를 통틀어 가장 많은 77.9%가 '장애인 차별과 인권 침해가 심하다'고 답했고, '장애인 돌봄은 당사자 개인의 문제가 아니므로 사회가 책임져야 한다'는 데 83.3%가 공감했다.

그러나 '장애인은 지역 사회가 아닌 시설에서 생활해야 한다'는 데 31.0%가 동의하는 등 장애인과 지역 사회에서 함께 살기에 대해서는 상대적으로 부정적 인식이 강했다. 자녀와 발달장애인이 함께 공부하는 것도 전 연령 가운데 가장 많은 10.6%가 반대했다. 다양성을 불안정성으로 인식하는 경향을 내비친 것이다. 총론에서 포용적 성향을 보이나 각론에 들어갔을 때는 이해관계와 결부된 응답 성향을 보인다고 분석할 수 있다.

'장애인 인권에 대한 국민인식조사'는 <서울신문>과 장애인인권포럼, 공공의창이 함께 기획했으며 수행은 여론조사기관 리서치DNA가 맡았다. 2019년 4월 16일 전국 성인남녀 1,001명을 대상으로 무선 ARS 방식으로 진행했고 95% 신뢰수준에 최대 허용오차는 ±3.1%p다.

12

게임 이용 장애, 우리 사회의 바람직한 대응 방향은?

세계보건기구(WHO)가 2019년 5월 25일 총회에서 개정한 '국제 질병 분류(ICD) 기준안'은 '게임 이용 장애(gaming disorder)'라는 새로운 질병 코드를 추가해 논쟁을 불러일으켰다. 하지만 WHO의 기준은 강제력이 없는 권고다. 각국의 상황에 따라 도입 여부를 결정하면 된다. 우리나라 정부는 '게임 이용 장애'를 질병으로 등록하려는 움직임을 보였고 이에 대한 격렬한 반대가 일었다. 이것이 게임 규제의 명분이 될 수 있기 때문이다.

게임 이용 장애를 질병으로 등록하는 것과 이와 별개로 이 문제를 해결하려는 데 대한 시민의 의견을 들어보았다. 게임 이용 장애의 질병 분류에 대한 게임 이용자들의 기본적인 의견을 묻고, 이에 대한 반론을 들려준 후 원래 갖고 있던 판단이 어떻게 변하는지 알아보는 숙의형 여론조사도 진행했다.

게임 이용 장애 질병 분류에 대한 찬반

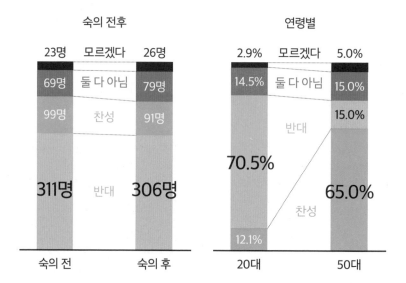

숙의 전후

23명	모르겠다	26명
69명	둘 다 아님	79명
99명	찬성	91명
311명	반대	306명
숙의 전		숙의 후

연령별

2.9%	모르겠다	5.0%
14.5%	둘 다 아님	15.0%
	반대	15.0%
70.5%		65.0%
12.1%	찬성	
20대		50대

게임 이용 장애 질병 등록에 대한 의견

게임 이용 장애의 질병 등록에 대해 반대 의견이 60% 이상으로 높게 나왔다. 숙의 후에는 찬성과 반대 의견이 조금씩 줄고 유보적인 답변이 늘었으나 큰 차이는 보이지 않았다. 나이에 따라 찬반이 극적으로 갈렸는데, 20대는 70.5%가 반대했고 50대는 65%가 찬성했다.

이용 수준에 따른 게임 이용 장애 질병 등록 의견 차이

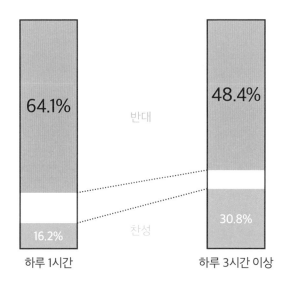

64.1%

반대

48.4%

16.2%

찬성

30.8%

하루 1시간

하루 3시간 이상

게임 이용 수준에 따라 의견 차이

적절한 시간 게임을 하는 사람들은 게임 이용 장애 질병 분류에 반대하고 게임에 과몰입할수록 질병 분류에 찬성하는 경향을 보였다. 장시간 게임을 하며 부작용을 경험한 이들이 게임에 대한 비판적 시각을 갖게 되었으리라 추정할 수 있다.

게임 중독 예방 정책의 필요성 인정

게임 이용 장애의 질병 분류에 대한 찬반과는 관계없이 게임 중독 예방 정책이 필요하다는 공감대가 형성된 것으로 보인다. 46.2%가 게임 중독 예방 정책이 필요하다고 답했는데 그중 51.4%는 게임 이용 장애의 질병 분류에 반대하는 사람이다. 그리고 게임 업계의 사회적 기여가 확대돼야 한다는 의견이 높게 형성됐다. 게임 업계가 벌어들이는 수익에 비해 과몰입 치유 활동에 대한 지원은 충분히 하지 않고 있다는 비판에 공감하는 것으로 보인다.

게임업계 사회적 책임 확대 필요성

모르겠다
8.2%

비공감
25.7%

공감
66.1%

이 중 질병 등록
반대는 56%, 찬성 25%

게임중독 예방정책 수립 필요성

모르겠다
8.0%

불필요
46.0%

필요
46.0%

이 중 질병 등록
반대는 41.8%, 찬성 37.5%

사회적 공론 조사 필요

정부는 문화체육관광부와 보건복지부, 게임업계, 의료계 등이 참여하는 민관 협의체를 출범시켰다. 전문가의 논의 체계는 만들어진 셈이다. 그런데 게임 이용자들은 전문가들만의 논의를 넘어 대중의 의견을 충분히 들어야 한다고 생각했다. 게임 이용 장애의 질병 분류와 중독 예방 정책 수립을 위해 공론 조사를 해야 한다는 의견에 57%가 동의했다.

**게임 이용 장애 질병 분류와
게임 중독 예방 정책 수립을 위한 공론 조사 필요성**

'게임 이용 장애 질병 분류에 대한 숙의형 조사'는 2019년 7월 1~2일 게임 이용자 502명을 대상으로 모바일 웹조사 방식으로 진행됐다. 조사는 <경향신문>과 '공공의창'이 함께 설계했으며 수행은 여론조사 전문기관 우리리서치가 맡았다.

13

뜨거워지는 지구, 싸늘하게 식은 관심

작은 빙하 조각 위에 아슬아슬하게 올라 서 있는 북극곰의 애처로운 모습은 기후 변화의 심각성을 표현하는 상징이다. 기후 변화는 북극곰뿐 아니라 인류의 운명을 위협하는 전 지구적 과제다. 지금보다 지구 온도가 0.5도만 더 올라가도 심각한 상황이 온다. 그러나 실천적 관심은 매우 부족하다. 우리나라에서 기후 변화에 관한 정부 간 협의체(IPCC) 총회가 열린 것을 아는 사람은 매우 소수다. 미국 알래스카와 유럽의 살인적 폭염에 대해서도 냉담하다. 기후 변화에 대한 한국인의 속마음 무엇일까?

심각성에 대해 공감하지만 우선순위 낮다

조사 결과 기후 변화가 심각하다는 데 대해 대부분 공감한다. 그러나 이에 대한 기초 지식조차 부족한 현실이다. 현재 기후 변화는 인간이 과도하게 내뿜은 온실가스 때문이라는 것이 상식이지만, 기후 변화가 자연 변동 때문이라고 응답한 사람이 7.8%(19~29세 12.1%, 30대 16.9%)나 됐다. 사회 과제의 우선순위에 대해 답할 때 기후 변화는 장기 과제로 꼽힌다.

사회과제 우선순위

순위	1년 안에	10년 안에	30년 안에
1	경제 성장	경제 성장	저출산 고령화
2	실업	저출산 고령화	기후 변화
3	저출산 고령화	기후 변화	경제 성장
4	빈부 격차	실업	빈부 격차
5	남북 관계	남북 관계	남북 관계
6	이념 갈등	빈부 격차	실업
7	기후 변화, 남녀·세대 갈등	이념 갈등	이념 갈등
		남녀·세대 갈등	남녀·세대 갈등

각 주체의 기후 변화 대응 노력 평가

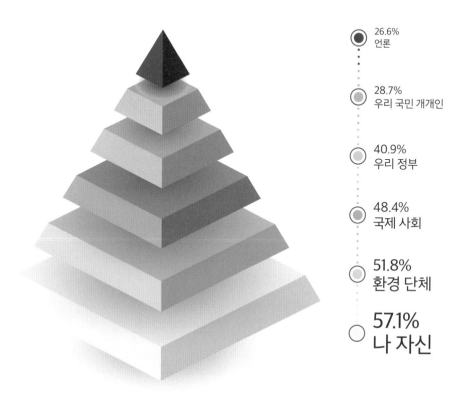

26.6%
언론

28.7%
우리 국민 개개인

40.9%
우리 정부

48.4%
국제 사회

51.8%
환경 단체

57.1%
나 자신

기후 변화에 대처하는 노력

기후 변화에 대처하는 각 사회 주체들의 노력을 평가할 때 '자기 자신'에게 가장 후한 점수를 주었다. 하지만 우리 국민 개개인의 점수는 낮게 나타났다. 이러한 모순은 당위와 실제가 일치하지 않는 경향을 잘 보여준다.

기후 변화 관련 쟁점들

기후 변화와 관련된 쟁점인 탈원전, 전기요금, 재생 에너지 등에 관해 생각을 물었다.

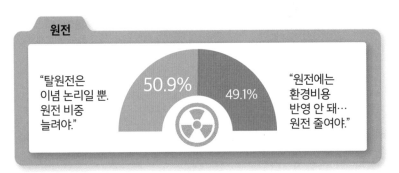

원전

"탈원전은 이념 논리일 뿐. 원전 비중 늘려야." 50.9%

49.1% "원전에는 환경비용 반영 안 돼… 원전 줄여야."

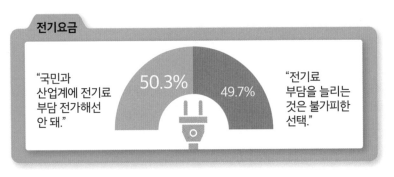

전기요금

"국민과 산업계에 전기료 부담 전가해선 안 돼." 50.3%

49.7% "전기료 부담을 늘리는 것은 불가피한 선택."

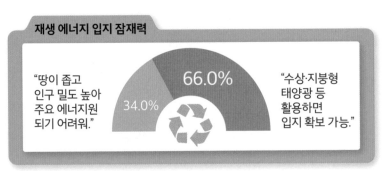

재생 에너지 입지 잠재력

"땅이 좁고 인구 밀도 높아 주요 에너지원 되기 어려워." 34.0%

66.0% "수상·지붕형 태양광 등 활용하면 입지 확보 가능."

"기후 변화 대중 강의를 하다 보면 '당연히 알겠지' 싶은 내용에도 깜짝 놀라며 '이 정도로 심각한 줄은 몰랐다'고 반응하는 이들이 적지 않다. 교육이나 언론 등을 통해 정보가 제대로 전달이 안 됐다는 이야기다."
조천호(전 국립기상과학원장)

"기후 변화는 실생활과 접점을 찾기 어려운 만큼, 구체적이고 현실적인 이야기로 기후 변화를 알려줄 필요가 있다."
황상민(전 연세대학교 교수, 현 황상민심리상담소 대표)

"기후 변화가 산업·경제적으로 또 미래 세대에 어떤 변화를 가져올지에 대한 구체적인 인식은 떨어지는 것으로 보인다. 기후 변화에 대한 공론 형성 수준을 더욱 다양화하고, 다양한 홍보와 설득 논리를 마련할 필요가 있다."
이은영(한국여론연구소 대표)

기후 변화를 일상에서 체감할 수 있는 홍보 필요

기후 변화는 일상에서 감지하기 어렵다. 그래서 기후 변화의 심각성을 경험을 통해 느끼지 못하고 '모범 답안'으로만 이야기하는 경향을 보인다. 전문가들은 현실적인 교육과 홍보의 필요성을 말한다.

'기후 변화 인식 조사'는 2019년 7월 1~2일 전국 만 19세 이상 남녀 1,000명을 대상으로 RDD 방식 자동 응답 조사(무선 100%)로 진행됐다. 표본오차는 95% 신뢰 수준에서 ±3.1%p다. <세계일보>와 공공의창이 공동 기획하고 한국여론연구소가 조사를 수행했다.

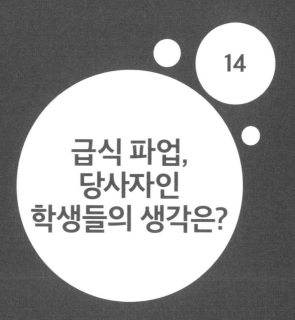

14

급식 파업,
당사자인
학생들의 생각은?

2019년 7월 3~5일 급식 조리원 등 학교 비정규직 노동자들이 기본급 인상과 각종 수당 차별 해소 등을 요구하며 총파업을 벌였다. 파업 후 교섭에서도 교육 당국과 노조가 입장 차를 좁히지 못했다. 노조는 새 학기가 시작되는 9월 2차 총파업을 예고했다. 이 과정에서 가장 큰 영향을 받는 학생들은 논의의 장에서 소외됐다. 학생들은 파업에 대해 어떻게 생각할까? 숙의형 토론 과정을 통해 그들의 이야기를 들어보았다.

노동자의 권리 VS 직접적인 불편

"노동자들이 일한 만큼
대우를 받지 못하니
파업하는 것 아닐까요?"

"급식을 중단하면
성장기 청소년들이 끼니를
부실하게 때우게 돼요."

학교 비정규직 문제를 판단하는 가장 중요한 기준은

노동자의
행복권 36.6%

대체 급식 등
파업에 따른
불편함 26.8%

토론 진행과 의견 조사

학생들은 3시간 동안 토론하며 생각을 정리했다. 토론 전후 학생들의 파업에 대한 입장 변화가 뚜렷했다. 파업을 지지한 학생은 토론이 끝난 뒤 53.5%로 9.7%p 늘었고, 파업 반대 의견도 32.6%로 1.3%p 증가했다. 25%에 달했던 유보와 무관심 입장은 토론을 거치며 각각 9.3%와 4.7%로 크게 줄었다. 자신이 직접 영향받는 문제인데도 파업에 무관심하던 학생들이 학습과 토론을 통해 자기 견해가 생긴 것이다.

구분	토론 전	발제 후	토론 후	최종 조사
지지	43.8%	47.6%	56.1%	53.5%
반대	31.3%	28.6%	43.9%	32.6%
유보	12.5%	7.1%	0.0%	9.3%
무관심	12.5%	16.7%	0.0%	4.7%

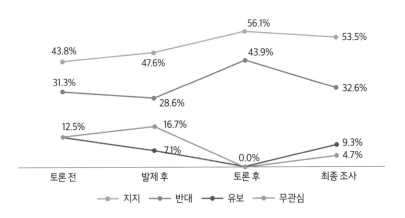

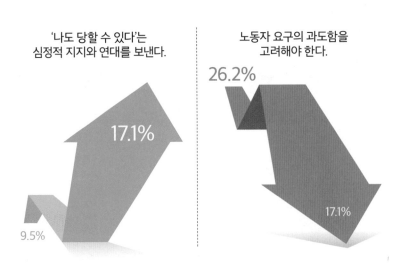

'나도 당할 수 있다'는
심정적 지지와 연대를 보낸다.

17.1%

9.5%

노동자 요구의 과도함을
고려해야 한다.

26.2%

17.1%

문제 이해와 해결 과정으로서의 토론

언론 보도나 다른 사람의 의견에 동조하거나 무관심했던 학생들이 토론을 거치며 자기 생각을 갖게 되었다. 학생들에게 정보를 주고 토론하게 하는 것만으로도 자신들의 문제에 대해 충분히 알고 결정할 수 있게 된다

학생이 논의에서 빠지고 나중에 어른들의 논의 결과가 일방적으로 통보되는 경우가 많은데, 청소년의 의견도 전달될 필요가 있다.

파업에 관심이 없었고 빵 한 번 먹고 말자는 생각이었는데, 다양한 의견을 들으면서 무엇이 문제였는지 알게 됐다. 노동 문제도 관심을 갖고 보는 눈이 생긴 것 같다.

토론회는 <서울신문>과 한국청소년재단, 미래와균형, 미래의창이 기획하고 개최했다. 2019년 7월 21일 서울 서대문청소년수련관에서 중·고교생 42명이 7개 테이블에 나눠 앉아 토론에 참여했다. 학생들의 의견은 토론이 끝날 때까지 전자 투표기를 통해 총 4차례 집계됐다. 토론 직전 김현국 미래와균형연구소장은 이번 파업과 관련된 기본 사실과 논점 자료를 제공해 토론을 도왔으며, 이병덕 한국퍼실리테이터연합회장이 토론을 진행했다.

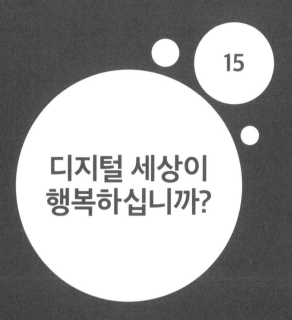

15

디지털 세상이
행복하십니까?

디지털의 발전은 급속한 사회 변화를 몰고 왔으며 과거와는 비교할 수 없는 편리함
을 안겨주었다. 하지만 새로운 사회 문제를 초래했음을 부인할 수 없다. 사이버 음란
물, 사이버 왕따, 개인정보 침해, 사이버 명예 훼손, 해킹과 사이버 사기, 게임이나 인
터넷 과몰입 등의 문제가 발생했다. 한국인들은 디지털 세상을 잘 누리고 있는가?
디지털을 통해 자신과 다른 사람을 괴롭히지는 않는가? 한국인들이 살아가는 디지
털 세상의 모습을 들여다보았다.

현실과 디지털의 괴리

꽤 많은 사람이 소셜네트워크의 나와 현실의 나 사이에 괴리를 느낀다. 60대를 제외한 전 연령대에서 괴리감을 느끼는 사람의 비율이 50%를 웃돌았다. 특히 40대의 60.2%가 괴리감을 느낀다고 했다.

소셜네트워크의 나와 현실의 나 사이에 괴리가 있다

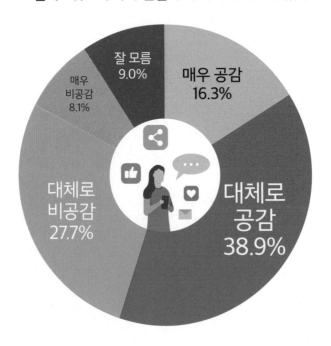

비교와 상대적 박탈감

꽤 많은 사람이 타인의 소셜네트워크를 보며 상대적 박탈감에 시달린 경험이 있다. 이런 경향은 남성보다는 여성에게서 두드러졌다. 연령대가 낮을수록 상대적 박탈감을 느꼈다는 응답자가 많았으며 경제적 상위층보다 하위층에서 박탈감을 느꼈다는 비율이 더 높았다.

지인의 소셜네트워크를 보고 박탈감을 느낀 적이 있다

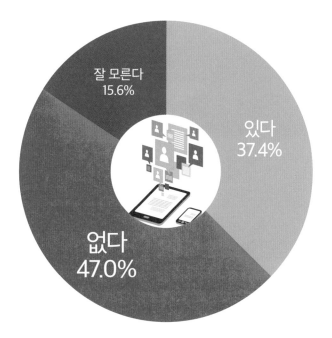

잘 모른다
15.6%

있다
37.4%

없다
47.0%

디지털과 현실 중 어떤 곳이 더 행복한가?

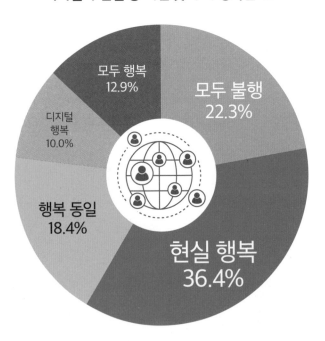

모두 행복
12.9%

모두 불행
22.3%

디지털
행복
10.0%

행복 동일
18.4%

현실 행복
36.4%

행복한 공간이 있습니까?

디지털과 현실 모두 행복하지 않다거나 현실보다 디지털이 더 행복하다는 응답은 안타까움을 준다. 경제적 빈곤층, 미취업 청년, 노년층이 현실의 불행을 느끼는 비율이 높았다.

다른 사람이 SNS에 올린 글·사진 등으로 피해를 입은 경험

잘 모른다
9.3%

있다
23.0%

없다 67.7%

SNS에 친구나 가족의 사진을 올릴 때 양해를 구한 경험

대체로 동의 구한다 ┐   ┌ 반드시 동의 구한다

몇 번 동의를
구한다 13.5%   7.6%   3.3%

구하지 않는다
75.6%

내가 올리는 글·사진·영상이 다른 사람을 불편하게 한 적이 있나

잘 모른다
11.4%

있다
18.9%

없다 69.7%

> 디지털 시민으로서 가져야 할 인식과 태도가
> 아직 갖춰지지 못해 나타난 결과다.
> 디지털 사회를 살아가는 시민으로서
> 우리가 느끼는 가치 혼동과 태도에 대해
> 함께 논의하는 과정이 필요하다. '디지털
> 시민성'에 대한 공론화가 이뤄져야 한다.
> 김미량(한국인터넷윤리학회 회장)

> 디지털 세상을 이해하며 위험성과 영향력을
> 파악하고 올바른 가치에 기반해 판단할 수 있는
> '생각하는 디지털 시민성 교육'이 필요하다.
> 유지연(상명대학교 휴먼지능정보공학과 교수)

디지털 시민의식

디지털은 현대의 삶에서 뗄 수 없다. 소셜네트워크는 조사 대상의 56.9%가 매일 이용한다고 답할 정도로 일상의 일부분이 됐지만, 아직 '디지털 시민'에 걸맞은 규범은 자리잡지 못한 것으로 보인다.

'디지털 세상에 관한 의식 조사'는 <서울신문>과 공공의창이 기획하고 여론조사 전문기관 세종리서치가 수행했다. 2019년 7월 4~5일, 전국 19세 이상 남녀 1,003명을 대상으로 RDD 무작위 임의 전화 걸기 100% 무선 ARS 방식으로 조사했다. 표본오차는 95% 신뢰 수준에 ±3.09%p다.

16

자살이라는 불행을 막기 위해

한국에서는 지난 20년 동안 강원도 강릉시나 경기도 오산시 정도의 제법 규모가 큰 기초자치단체 하나가 통째로 사라졌다. 바로 '자살' 때문이다. 통계청에 따르면, 1997년 이후 20년간 자살자가 21만 명이 넘는다. 2015년 한 해만 1만 3,513명이 스스로 목숨을 끊었다.

한국은 자살률 1위의 오명을 쓴 국가다. 2016년 인구 10만 명당 자살률은 28.7명이다. 2위인 일본이 18.7명과 비교해도 압도적인 수치다. 한국의 2014년 기준 자살자는 1만 3,836명이다. 교통사고 사망자 4,762명과 살인 사건 사망자 760명 등 불의의 재해나 사고로 인한 사망자를 모두 합친 것보다 2배나 더 많다. 그런데 가족의 자살 사실을 숨기는 사회 인식에 비춰봤을 때 실제 자살자는 이보다 훨씬 더 많을 것이다. 이러한 한국 사회의 불행을 어떻게 줄일 수 있을까? '자살은 사회적 타살'이라는 관점으로 우리 사회 전체가 문제 해결에 나서야 한다. 통계와 연구 결과는 자살이 경제적 어려움과 깊은 연관을 맺음을 보여준다. 사회적 빈곤은 질 낮은 일자리, 열악한 주거 및 교육 환경 등이 복합적으로 얽힌 심각한 난맥상이다.

통계를 활용한 자살 위기자 파악

통계 데이터는 자살을 예방하는 데 매우 유용하게 쓰일 수 있다. 자살 위기자와 실제 자살자의 데이터를 비교해보면 그 상관계수가 0.841로 매우 높은 수준으로 나온다. 자살 위기자 관리를 통해 실제 자살자 수를 낮출 수 있다는 뜻이다. 일본의 성공 사례에서 보듯 지역 단위로 자살 위기자 분포를 살펴봄으로써 어떤 지역 거주자에 대해 역량을 집중할지를 파악할 수 있을 것이다.

이러한 문제의식을 지니고 자살 위기를 지리 정보학적 데이터로 파악해보려 했다. 통계청의 각종 사회·경제 조사, 2006~2015년의 실제 자살자 데이터를 기초로 삼고 여기에 여론조사 데이터를 결합했다. 전국 4,500명을 대상으로 조사했고 조사 항목은 '주변인과의 소통 정도', '체감하는 외로움 정도', '삶의 희망 정도', '최근 자살 충동 여부' 등이었다. 이렇게 행태 데이터와 인식 데이터를 머징한 결과를 전국 읍면동의 지리적 단위와 결합했다. 2006~2015년까지의 실제 자살자 수를 지수-P로, 2017년 자살 충동자 수를 지수-R로 환산해 분석했다. 이 두 지수 간의 상관관계는 매우 높았고 자살 위기자 수를 A-B-C 등급으로 구획해서 나타냈다.

자살 충동을 느끼는 사람과 실제 자살자 사이의 상관관계

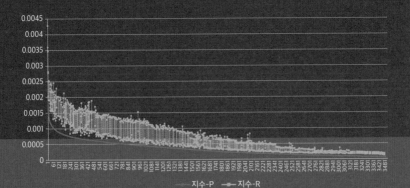

마이크로 지리 정보학을 이용한 자살 위기 지도

전국 17개 시도, 252개 시군구, 3,491개 읍면동을 자살 위기자 비율이 높은 순서로 구분해 5개의 등급(A~E단계)으로 분류했고, 그것을 분석해 2017~2018년 자살 위기자 예방 대응 지도를 작성했다. 이 지도는 실제 면적이 아닌 인구를 기준으로 삼았다. 그래서 실제 지도와는 차이가 난다. 하지만 이렇게 표시해야 정보의 왜곡된 인식을 피할 수 있는데, 이를 '카토그램'이라 명명했다.

17개 시도별 자살 위험률의 앞자리는 서울특별시, 인천광역시, 경기도가 차지했다. 수도권 대도시에 자살 위기자가 많은 것으로 나타났다. 자살 위험률이 낮은 순위를 보면 전라남도, 전라북도, 경상북도, 강원도였다.

252개 시군구별로 자살 위험률이 높은 지역은 경기도 남양주시, 경기도 의정부시, 경기도 오산시, 인천광역시 계양구 순이었다. 자살 위험률이 낮은 지역은 전라남도 구례군, 경상남도 하동군, 경상북도 울릉군, 전라남도 곡성군 순이었다.

전국 시군구별 자살 위기 지도

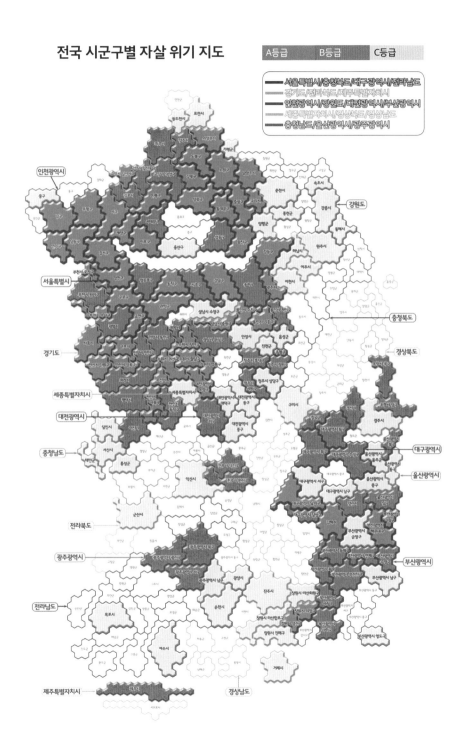

자살 위기 지도 세분화

3,491개 읍면동 중 자살 위험률이 높은 지역은 경기도 남양주시 화도읍, 경기도 남양주시 진접읍, 경상남도 김해시 내외동, 경기도 광주시 오포읍 순으로 나타났다. 자살 위험률이 낮은 지역은 충청북도 영동군 용화면, 경상남도 함안군 여항면, 강원도 삼척시 신기면, 충청북도 제천시 한수면 순이었다.

서울특별시 25개 구 중 17개 구, 경기도 44개 시군구 중 19곳이 위험이 가장 큰 A등급에 속했다. 대도시를 벗어나면 자살 위기자 비율이 줄어들지만, 같은 광역시와 도 안에서도 읍면동에 따라 큰 격차를 보였다.

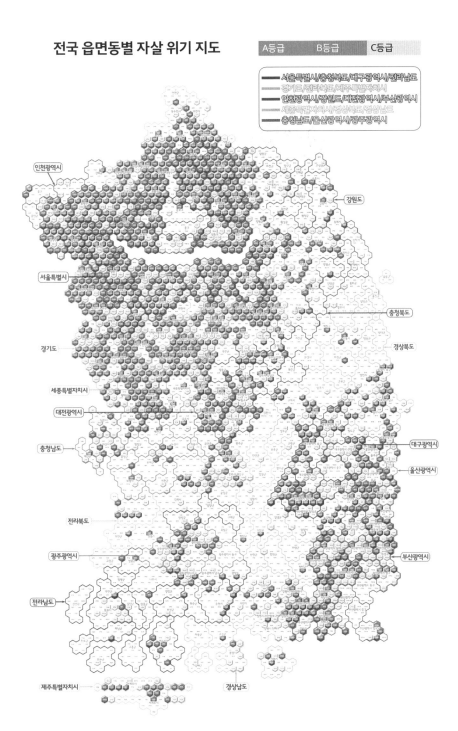

전국 읍면동별 자살 위기 지도

자살 위기 요인 분석

연령별로 보면 서울 강북에는 20대와 30대가 위험했고, 강남 지역에서는 30대 중반에서 40대 중반 자살 위기자가 많았다. 강원도, 대구광역시, 경상북도, 경기도 등의 지역에서는 40대와 50대, 제주특별자치도는 40대와 60대 중에서 자살 위기자가 많음도 파악됐다.

이 조사를 통해 자살에 관한 유의미한 인구통계학적 사실을 확인했다. 자살자와 자살 위기자 대부분의 주거 형태가 '월세'이며 주거 면적이 '20평 이하'였다. 현재 우리 사회에서 빈곤 문제와 자살이 깊은 상관관계에 있음을 실증적으로 파악할 수 있다.

자살 고위험 지역의 특징과 분포를 분석하고 이를 복지 정책, 주거 정책과 연결해 대응책을 마련하는 것이 시급해 보인다. 자살의 근본 동기가 되는 사회경제적 요인이나 문화적 배경을 단기간에 바꿀 수는 없다. 하지만 자살 위기자가 많은 지역에 복지 지원을 확대하고 응급 대응 체계를 갖추는 방식으로 시급한 문제를 완화할 수는 있을 것이다.

전국 읍면동별 자살 위기 지도

지역	구분	연령1	연령2	세대 구성	주택 유형	주택 면적	점유 형태
서울	강북	20~39세		3세대+ 1인 가구	다세대	20평 이하	보증금 있는 월세
	강남	35~44세		1세대+ 1인 가구	다세대+ 단독	20평 이하	보증금 있는 월세
경기도	시 단위	20~29세		1인 가구	다세대	20평 이하	월세+사글세
	군 단위	25~29세	46~54세	1인 가구+ 1세대+ 2세대	단독+연립	20평 이하	월세+사글세
인천		30~39세		1인 가구+ 1세대	단독+연립	20평 이하	월세+사글세
강원도		40~54세		3세대+ 1세대	단독	20평 이하	보증금 없는 월세+사글세
대전·충남·충북		20~29세	40~49세	3세대	연립	21~39평	월세+사글세
대구·경북		40~44세		1인 가구	다세대	20평 이하	월세+사글세
부산·울산·경남		20~34세		3세대+ 1인 가구	다세대+ 연립	20평 이하	월세+사글세
광주·전남·전북		25~29세	35~39세	1세대+ 2세대	단독+ 아파트	20평 이하	월세+사글세
제주도		40~49세	60~69세	2세대+ 3세대	단독		월세+사글세

'자살 위기자 조사'는 <경향신문>과 공공의창이 공동 기획하고 지방자치데이터연구소가 수행했다. 마이크로 지리 정보학 방법론을 통해 통계청 데이터와 전국 4,500명 대상의 설문조사 결과를 합쳐서 지수화하고 이를 전국 읍면동의 지리적 단위와 결합하는 방식으로 지도를 작성했다.

17

이번 달에 무슨 일이 생길지, 빅데이터로 알아본다

월별로 사람들의 주된 관심사를 예측할 수 있을까? 과거 뉴스에 반복 노출된 어휘들을 추출해 분석해보면 시기에 따라 예측 어휘 중심으로 유의미한 패턴을 찾을 수 있다. 신문은 수많은 정보 속에서 충격적인 사실과 새로운 발상 그리고 의미 있는 제안 등을 거르고 재구성해 독자들이 이해하고 활용할 수 있도록 도와준다. 따라서 신문이야말로 4차 산업과 빅데이터 시대가 오기 오래전부터 미래를 예측하는 데 중요한 힌트를 제공하고 있었던 셈이다.

2018년 3월에 2013년부터 2017년까지 5년간 포털 사이트에 노출된 7,500만 건의 뉴스 중 매해 4월과 5월에 출현 빈도가 지속해서 증가하며 반복 노출된 어휘를 추출·분석했다. 피터 드러커는 정보 가치가 급격히 떨어지는 시점을 5년으로 보았는데, 이에 따라 최근 5년 정도의 데이터가 유효하다고 간주했다. 2018년 3월에 데이터로 예측한 4월과 5월의 모습은 어떠했을까?

4월 초순

노인 폐지·치매·학대
반려동물 펫티켓·양육비·복지
데이트 벚꽃·데이트폭력

철도공단(한국철도시설공단)-부정부패·안정성

4월 중순

아파트 하락·분양·양도세·서울·강남·세종시
SOC 일자리·부적절·남북
안전 건설현장·화재·어린이·산불·지역 축제 시설
안전·학교 급식·매점 유통 위생·건설 현장 안전
관리·행정안전부·안전보건공단

4월 하순

어린이날 캐릭터·완구·선물·행사·이벤트
운전 빗길·음주운전·사망·고속도로
안보 비무장지대·안보관광·신남북시대·정상회담

반도체-호황·수출·관세·고용노동부, 산책·벚꽃·숲길,
베트남-투자·에너지, 대입제도, 인구절벽, 시진핑,
바이오산업

5월 초순

노동자 충돌·갈등·시민 단체·강제징용·노동절·일본영사관·부산광장·서울광장

CNN 김정은·비핵화·판문점·북미

전쟁 무역전쟁·갑질·한국전쟁·기업·이스라엘

5월 중순

제주 살인사건·보육교사·강풍·해변

미세먼지 나쁨·초미세먼지·더위·초여름·공기청정기·수도권

이란 원유·제재·핵협정·미국·이스라엘

5월 하순

북한 철길·폭파·핵실험장·비핵화·트럼프·베이징·러시아

산업 일자리·산업 위기 지역·산업 생산·거제

가구 분야·아파트·고독사·다자녀·보금자리·1인 가구

공기청정기·과징금·바이러스·부당광고·공정위, 러시아, 콘텐츠, 기술, 국방부

4월, 5월 뉴스 빅데이터 분석은 공공의창이 기획하고 지방자치데이터연구소와 소상공인연구소가 수행했다. 빅데이터 전문가이자 사회학 박사인 신종화 고려대학교 교수의 도움을 받았다.

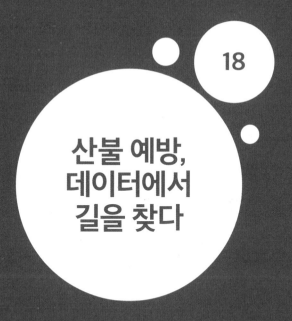

18

산불 예방,
데이터에서
길을 찾다

매년 4~5월에 한국을 괴롭히는 존재가 있다. 화마(火魔)다. 전국적으로 산불이 발생
한다. 건조한 날씨 등의 영향으로 봄철에 산불이 집중되며 인명과 재산 피해가 반복
되고 있다. 정부와 지역자치단체들은 산불을 예방하고, 산불이 발생했을 때 신속하
게 진화하는 데 노력을 기울이고 있다. 이때 데이터가 도움을 줄 수 있다. 산불 발생
시기, 지역, 주변 교통망 등을 분석해 예방 대책을 세우고 거점 소방서를 정함으로
써 효율적이며 집중적인 진화를 할 수 있을 것이다. 2014~2018년 전국에서 발생한
산불 데이터를 분석해 가칭 '산불 예방 대응 거점 소방서 지도'를 제작했다.

한국의 산불

산불 발생 건수(2014~2018)			산불 발생 원인
7,050건	일몰 전 87%	주말 17.4%	부주의(84%)
	일몰 후 13%	월~금요일 12~14%	

산불 피해 금액(2018)	산불 피해 금액
69억 8,128만 원	1위 강원도 54억 9,333만 원(79%)

주말 중 산불 더 많은 요일		주말보다 월요일 산불이 많은 지역	산불 발생 순위
토	서울, 경기, 충북, 전북	전북, 대구, 울산	① 경기 2,163건 ② 충남 1,199건 ③ 경북 694건
일	인천, 강원, 충남, 대전, 세종, 전남, 광주, 대구, 경북, 부산, 울산, 경남	월요일 산불 많은 지역은 고용률이 낮음	포도·복숭아 재배 면적이 넓은 곳이라는 특징이 있음

산불 거점 소방서 파악

상대적으로 소방력 동원이나 대응이 쉬운 수도권과 광역시를 제외한 7개 도 단위 지역을 대상으로 데이터 분석과 지도 작성을 했다. 지리정보시스템(GIS)을 이용해 최근 5년간 산불 발생 위치 데이터와 소방서의 주소 데이터를 지도 위에 펼쳐놓고, 산불의 빈도와 발생지를 고려해 도별로 대응의 최적 위치에 있는 소방서 1~3위를 정리했다. 산불 다발 지역 사이 최적 지점과 가장 근접한 소방서가 거점 소방서로 설정됐다.

산불 규모와 도로 여건 등 더욱 정밀한 데이터를 활용해 한시적인 봄철(4~5월) 거점 소방서 구축을 검토하고, 거점 소방서에 장비와 인력을 확충한다면 실효성 있는 운영 방안이 마련될 수 있을 것으로 기대한다.

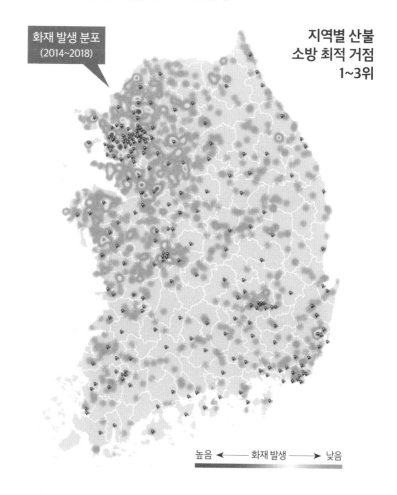

화재 발생 분포
(2014~2018)

지역별 산불
소방 최적 거점
1~3위

높음 ◀── 화재 발생 ──▶ 낮음

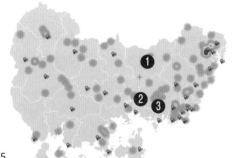

강원

❶ 인제 인제군 인제읍 비봉로 44번길 71
❷ 홍천 홍천군 홍천읍 공작산로 99
❸ 춘천 춘천시 후석로 446

경남

❶ 밀양 밀양시 밀양대로 1760
❷ 창원 창원시 의창구 상남로 165
❸ 김해서부 김해시 장유로 341

경북

❶ 의성 의성군 봉양면 경북대로 4741
❷ 안동 안동시 육사로 301
❸ 구미 구미시 수출대로 112

❶ 화순 화순군 화순읍 학포로 2750
❷ 남부광주 광주 남구 송암로 58번길 13
❸ 동부광주 광주 동구 제봉로 210

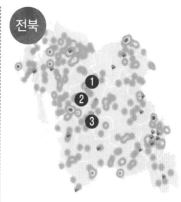

❶ 김제 김제시 백성로 278
❷ 전주완산 전주시 완산구 거마평로 73
❸ 정읍 정읍시 서부산업도로 507-5

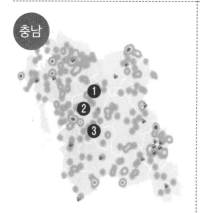

❶ 예산 예산군 오가면 오가중앙로 111
❷ 홍성 홍성군 홍성읍 충절로 741
❸ 청양 청양군 청양읍 충절로 1187

❶ 괴산 괴산군 괴산읍 괴강로 69
❷ 증평 증평군 충청대로 1789
❸ 청주동부 청주시 상당구 영운로 61

'산불 예방 대응 거점 소방서 지도' 제작은 <경향신문>과 공공의창이 기획하고 지방자치데이터 연구소가 수행했다. 정은애 박사(도시공학)와 신종화 박사(사회학)가 연구에 도움을 주었다.

2장

공공성 추구와 정책의 방향

01

일자리 정책, 제대로 가고 있나?

보통 사람에게 가장 절실하며 몸에 와닿는 경제적 관심사는 일자리다. 그래서 거의 모든 정부가 일자리에 높은 정책 우선순위를 부여해왔다. 문재인 정부는 좋은 일자리를 늘리는 데 총력을 기울였다. 청와대에 현황판을 설치하는 등 대통령이 직접 진두지휘에 나섰다. 국민은 정부의 일자리 정책에 대해서 어떻게 생각할까? 보완해야할 과제는 무엇인가? 2018년 9월, 전국 20세 이상의 성인남녀를 대상으로 정부의 일자리 정책에 관해 물었다.

현 정부가 추진하고 있는 일자리 정책에 대한 전반적 평가는?

- 전체 부정적
- 20~30대 긍정적
- 40~60대 부정적
- 고소득 전문 자영업자가 가장 부정적으로 평가

현 정부의 일자리 정책의 전반적인 평가에서
부정적인 의견(52.9%)이 긍정적 의견(42.6%)보다 높았다.
세대별로 보면 20~30대는 긍정적 평가(49.8%)가
부정적 평가(42.6%)보다 더 높지만, 40~60대는
부정적 평가(58.4%)가 긍정적 평가(38.8%)를 앞지른다.

전체

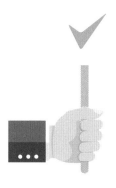

긍정 평가
42.6%

부정 평가
52.9%

20~30대

긍정 평가
49.8%

부정 평가
42.6%

40~60대

긍정 평가
38.8%

부정 평가
58.4%

"한시적인 정책이어서 실효성이 떨어진다."

현 정부의 일자리 정책에 대해 부정적으로 평가한 응답자들이 그 이유로 가장 많이 선택한 항목이다.

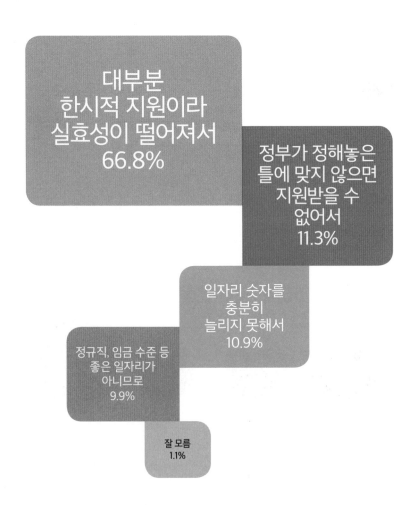

대부분
한시적 지원이라
실효성이 떨어져서
66.8%

정부가 정해놓은
틀에 맞지 않으면
지원받을 수
없어서
11.3%

일자리 숫자를
충분히
늘리지 못해서
10.9%

정규직, 임금 수준 등
좋은 일자리가
아니므로
9.9%

잘 모름
1.1%

"20~30대, 구직자 직접 지원 선호,
   40~60대, 기업 지원 선호"

구직자에게 일정 기간 조건 없이 현금을 지원하는 '청년수당' 식의 정책에 대해 20~30대는 긍정 의견이 많지만 40~60대는 부정 의견이 많았다. 공공 일자리를 늘리거나 정규직화하는 정책, 기업 채용을 장려하는 정책, 최저임금 인상분을 보전해주는 일자리안정자금에 대해서도 20~30대는 긍정 의견, 40~60대는 부정 의견이 더 많았다.

세대와 관련 없이 전반적으로 찬성하는
   일자리 정책

한 직장에 오래 다니는 것을 전제로 근로자를 지원하는 정책, '청년내일채움공제', '고교취업연계장려금' 등 중소기업 입사를 장려하기 위해 근로자를 지원하는 정책, 미취업자와 실업자에게 훈련 프로그램을 확대하는 정책에 대해서는 전 세대에서 고르게 긍정 의견이 높게 나왔다.

시장 규제를 줄여 기업 불편을 최소화하라
(40~60대)
공공근로 일자리부터 늘리자
(20~30대)

가장 실효성이 높은 일자리 정책에 대한 응답이다.

가장 실효성 높은 일자리 정책은?(2개 선택)

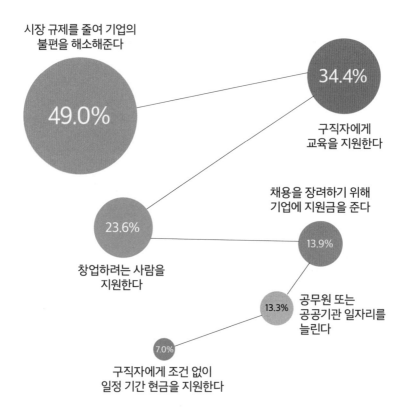

시장 규제를 줄여 기업의
불편을 해소해준다

49.0%

34.4%

구직자에게
교육을 지원한다

채용을 장려하기 위해
기업에 지원금을 준다

23.6%

13.9%

창업하려는 사람을
지원한다

13.3%

공무원 또는
공공기관 일자리를
늘린다

7.0%

구직자에게 조건 없이
일정 기간 현금을 지원한다

20~30대가 생각하는 실효성 높은 일자리 정책은?(2개 선택)

정책	비율
취약 계층 공공근로 일자리를 늘린다	40.1%
시장 규제를 줄여 기업의 불편을 해소해준다	32.5%
구직자에게 교육을 지원한다	30.1%
창업하려는 사람을 지원한다	25.5%
공무원 또는 공공기관 일자리를 늘린다	20.1%
채용을 장려하기 위해 기업에 지원금을 준다	17.5%
구직자에게 조건 없이 일정 기간 현금을 지원한다	13.1%

40~60대가 생각하는 실효성 높은 일자리 정책은?(2개 선택)

정책	비율
시장 규제를 줄여 기업의 불편을 해소해준다	57.8%
구직자에게 교육을 지원한다	36.7%
취약 계층 공공근로 일자리를 늘린다	33.4%
창업하려는 사람을 지원한다	22.6%
채용을 장려하기 위해 기업에 지원금을 준다	12.1%
공무원 또는 공공기관 일자리를 늘린다	9.3%
구직자에게 조건 없이 일정 기간 현금을 지원한다	3.8%

장기근속할 수 있는 일자리에 더 많은 청년이 들어가도록 해야 한다. 학력과 경력과 관계없이 원하는 일을 하는 데 차별받지 않도록 해야 한다.

정부가 청년 일자리 정책을 실행할 때 가져야 할 목표에 대한 응답 중 가장 높은 비율을 차지한 것이다. 이 문항의 응답은 세대에 따른 차이가 크게 보이지 않는다.

장기근속할 수 있는
일자리에 더 많은
청년이 들어가도록
해야 한다
62.4%

학력과 경력과 관계없이
원하는 일을 하는 데
차별받지 않도록
해야 한다
48.1%

청년이 구직 중
생계 위협을 느끼지
않도록 안전망을
강화해야 한다
30.0%

시장 원리에 따라
취업과 창업이
이뤄지도록, 정부는
개입하지 말아야 한다
18.5%

청년이 졸업 후나
퇴사 후 최대한
공백 기간 없이
취업하도록 해야 한다
14.3%

청년이 구직
활동을 중단하거나
포기하지 않도록
관리해야 한다
11.6%

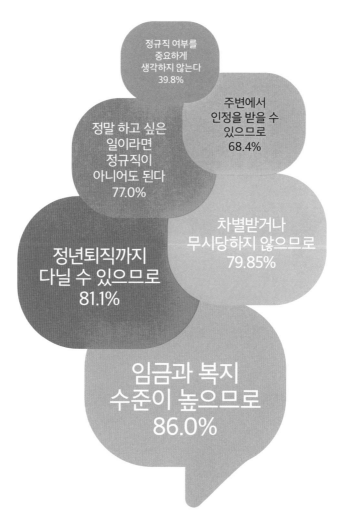

정규직 여부를
중요하게
생각하지 않는다
39.8%

주변에서
인정을 받을 수
있으므로
68.4%

정말 하고 싶은
일이라면
정규직이
아니어도 된다
77.0%

차별받거나
무시당하지 않으므로
79.85%

정년퇴직까지
다닐 수 있으므로
81.1%

임금과 복지
수준이 높으므로
86.0%

왜 정규직 일자리가 좋은가?

정규직이란 무엇인가?

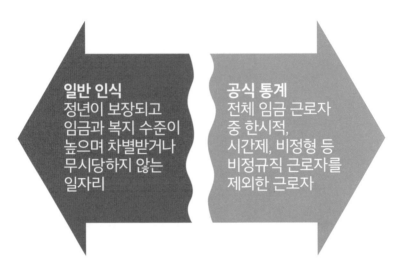

일반 인식
정년이 보장되고
임금과 복지 수준이
높으며 차별받거나
무시당하지 않는
일자리

공식 통계
전체 임금 근로자
중 한시적,
시간제, 비정형 등
비정규직 근로자를
제외한 근로자

한국 사회의 정규직 일자리 비중은

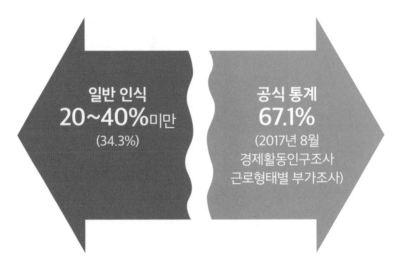

일반 인식
20~40%미만
(34.3%)

공식 통계
67.1%
(2017년 8월
경제활동인구조사
근로형태별 부가조사)

유연 안정성 일자리 모델을 선호

경제평론가인 이원재 LAB2050 대표는 "정부의 일자리 정책과 관련해서 국민은 전반적으로 '안전망 강화-규제 완화'를 원하는 것으로 분석된다"고 말했다. "보편적 사회 안전망이 두텁고 노동 시장은 유연하며 기업 활동의 제약은 적은 북유럽의 '유연 안정성 모델'에 가까운 인식으로 보인다"고 덧붙였다.

일자리 정책에 세대 간 의견 차이가 큰 이유는?

20~30대는 자신의 일자리 상황이 위태롭기 때문에 적극적이고 직접적인 지원을 바라는 반면, 40~60대는 정부의 역할과 시장 원리에 대한 원칙을 고려하기 때문으로 보인다. 앞으로 정책 확대를 하면서 세대 간 인식 차이를 감안해 추진할 필요가 있다.

정부 일자리 정책에 대한 인식조사는 <한겨레>, LAB2050, 공공의창이 기획하고 여론조사 전문기관 우리리서치가 수행했다. 2018년 9월 12~13일 전국 20세 이상 성인남녀 850명을 대상으로 모바일 웹조사를 했으며 무선전화 100% RDD 방식이다.

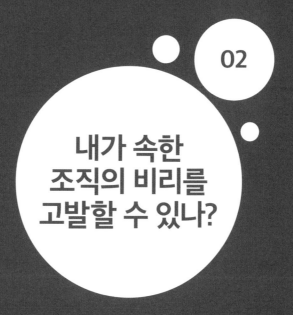

02

내가 속한
조직의 비리를
고발할 수 있나?

<세계일보> 특별취재팀은 1990년 이후 이뤄진 공익 제보 102건을 추적해 조사한 후 "공익 제보는 작고 더디더라도 결국 사회를 바꾼다"는 결론을 내렸다. 용기 있는 내부 고발은 끔찍한 사고를 줄이고, 일상을 파괴하는 사악한 시도를 막아주며, 개인과 사회의 자원을 절약하며, 수많은 법적 분쟁과 사회적 갈등을 피할 수 있게 도와준다는 것이 공익 제보의 효과에 대한 선진국의 인식이다.

공익 제보가 활성화되기 위해서는 내부 고발에 대한 사회적 인식이 우호적이어야 하며, 내부 고발자를 보호하는 시스템이 갖춰져야 한다. 공익 제보에 관한 한국인의 인식은 어떨까? 공익 제보가 정착되기 어렵게 만드는 요인은 무엇일까?

공익 제보는 선한 일

한국인은 공익 제보를 훌륭한 일이라고 생각하고 공익 제보자를 칭찬받아야 할 인물로 존경하는 경향이 강하다. 전체적으로 내부 고발자를 우호적으로 평가하는데 특히 20~30대에서 내부 고발자에 대한 평가가 더 좋으며, 연령대가 높아질수록 중립적인 의견이 더 높아지는 경향을 보인다.

내부 고발자를 어떻게 평가해야 하는가?

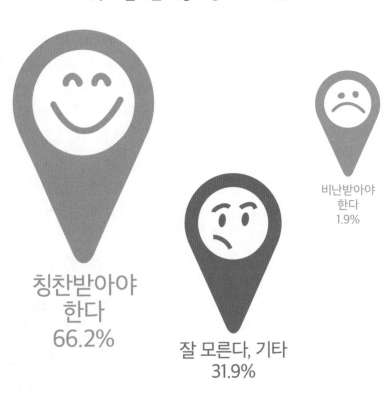

칭찬받아야
한다
66.2%

잘 모른다, 기타
31.9%

비난받아야
한다
1.9%

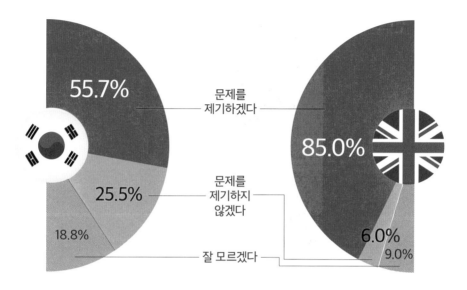

내가 속한 조직의 부정부패에 대해 공식적으로 문제 제기하겠는가?

- 55.7% 문제를 제기하겠다
- 85.0%
- 25.5% 문제를 제기하지 않겠다
- 18.8% 잘 모르겠다
- 6.0%
- 9.0%

내 직장이나 집단에서 부정부패를 발견했을 때

자기 조직의 심각한 문제를 알게 되었을 때 이것을 공식적으로 문제 제기하겠다는 사람은 절반을 약간 넘었다. 특이한 점은 공익 제보에 대해 훌륭하다고 평가한 20~30대가 문제 제기에 더 소극적이라는 점이다. 이와 대비되는 것이 영국의 공익 제보 시민 단체인 PCaW가 2011년에 진행한 영국인 시민 의식 조사 결과다. 이때 영국인들은 소속 조직이나 집단의 부정부패를 발견하면 신고하겠다는 비율이 압도적이었다.

우리나라 국민들은 공익 제보를 높게 평가하면서도 스스로 소속 회사나 조직에서 공익 제보를 하겠다는 의지는 상대적으로 낮은 것으로 조사됐다.

동료의 사소한 잘못과 부정을 신고하겠는가?

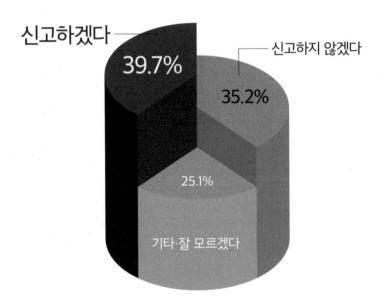

신고하겠다 — 39.7%

신고하지 않겠다 35.2%

25.1%

기타·잘 모르겠다

동료의 사소한 잘못은 눈감아주는 게 옳은가?

조사 결과 공익 제보에서 한국인의 온정적인 성향이 드러났다. 분명한 부당 행위이지만 소소하고 관행적인 동료의 잘못을 신고하겠다는 답변은 10명 중 4명이 되지 않았다. 집단의 부정부패보다 더욱 관대하다. 상대적으로 더 가깝고 현실적인 부정에 대해서는 눈을 감는 경향이 강한 것으로 보인다. 이런 인식은 내부 고발자를 '배신자', '의리 없는 놈'으로 바라보게 할 수도 있다는 점에서 위험해 보인다. 한국인들 전반적으로 공익 제보 의향이 높지 않으며 특히 가까운 사람의 부정에 대해서는 관대한 경향을 보인다. 직접 나서기보다는 남이 해주길 바라는 의식이 강한 것으로 분석됐다.

내부 고발을 생각해본 적이 있습니까?

조사 결과 한 번 이상 내부 고발을 생각해본 사람의 비율은 실제 고발을 할 의향이 있다는 응답보다 더 높았다. 이것은 내부 고발에 대한 고민이 결심으로 이어지기 어려운 현실을 반영한다.

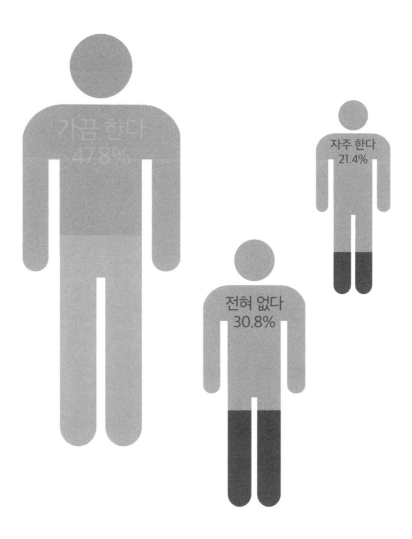

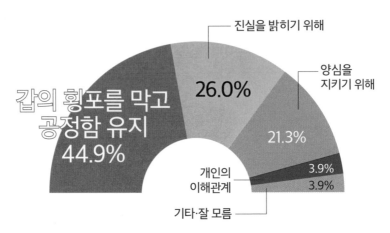

문제를 제기하는 이유

갑의 횡포를 막고
공정함 유지
44.9%

진실을 밝히기 위해
26.0%

양심을
지키기 위해
21.3%

3.9%

3.9%

개인의
이해관계

기타·잘 모름

문제를 제기하거나 제기하지 않는 이유는

내부 고발을 결심하고 실천할 때는 공익적 차원이나 개인적 양심이 큰 계기가 된다. 반면, 고발하지 못하는 이유는 보복이나 불이익의 두려움이 컸다. 신고해도 변하지 않을 것이라는 회의적 시각도 적지 않았다.

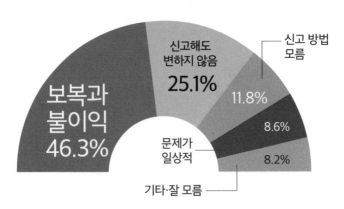

문제를 제기하지 않는 이유

보복과
불이익
46.3%

신고해도
변하지 않음
25.1%

신고 방법
모름

11.8%

8.6%

문제가
일상적

8.2%

기타·잘 모름

내부 고발을 할 때 고용주나 조직을
믿지 못한다면

여러 가지 이유로 조직의 공식 통로나 고용주에게 고발하지 못하는 형편일 때는
시민 단체, 언론, 소셜네트워크, 규제 당국 등에 알리겠다는 의견이 많았다.

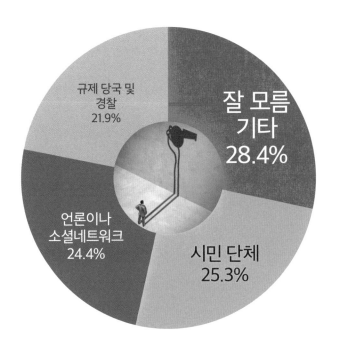

공익 제보에 대한 정책과 교육이 부족한 현실

조사 결과 내부 고발과 관련된 정책이나 교육 프로그램이 부족한 것으로 나타났다. 특히 회사 규모가 작을수록 내부 고발 관련 정책이나 교육이 부실한 경향을 보인다. 이러한 상황이 내부 고발을 불편하고 꺼리게 만드는 한 요인인 것으로 추정된다.

직장 내 내부 고발 관련 정책

없다 54.2%
있다 30.3%
잘 모른다 15.5%

직장에서 내부 고발 교육 경험

없다 76.6%
있다 15.6%
잘 모른다 7.8%

공익 제보자 보호법 인지

어느 정도 안다 49.5%
잘 모른다 36.2%
잘 안다 14.3%

공익 제보자 보호 법률이나 관련 기관의 인지도가 낮다

공익 제보 주무 부처가 어디인지, 공익 제보자 보호 법률이 있는지 잘 아는 사람은 매우 드물다. 하지만 공익 제보자를 지원하는 시민 단체에 대한 후원 의향은 비교적 높다.

국민권익위원회 인지

어느 정도 안다 49.0%

잘 모른다 36.9%

잘 안다 14.1%

시민 단체 후원 의향

매달 1만 원 7.7%

그 이상 가능 2.6%

매달 5,000원 37.4%

좀 더 생각 36.3%

후원하지 않음 13.0%

잘 모름 3.0%

공익 제보에 대한 한국인의 인식은 높다. 다른 사람이 하는 것에 대해서는 용기 있는 일이라고 칭찬하는 경향이 강하다. 하지만 이는 '남의 일'이라고 생각하기 때문이기도 하다. 공익 제보가 발전한 영국의 경우 공익 제보자를 칭찬하고 싶다는 응답이 39%에 그친다. 공익 제보를 시민의 상식으로 받아들이는 것이다. 하지만 한국인들은 공익 제보에 자신이 직접 나서는 데 주저한다. 한국에서는 공익 제보를 영웅의 행동이나 소수의 고자질로 인식하는 모습이 남아 있다. 따라서 다수의 방관자를 줄이고 소속 집단 내에서 높은 책임 의식으로 시민 의식을 발휘할 수 있도록 정책적 계기가 필요하다.

'공익 제보에 관한 공익 제보 의식 조사'는 <세계일보>와 공공의창이 기획하고 여론조사기관 리서치DNA가 조사를 수행했다. 2017년 6월 7~8일 만 19세 이상 전국 성인남녀 1,000명을 대상으로 했다. 인구 비례 할당 후 RDD에 의한 무작위 추출로 표본을 추출해 ARS 무선전화 조사 방식으로 진행했다. 오차범위는 95% 신뢰수준에 ±3.1%p, 응답률은 2.46%다.

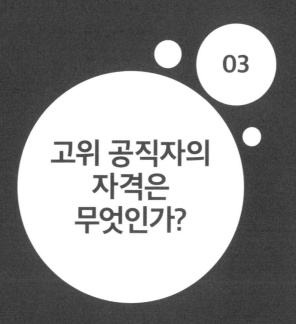

03

고위 공직자의 자격은 무엇인가?

공직자 인사청문회 제도가 도입된 이후 국민은 고위 공직자 후보들의 면목을 샅샅이 알게 되었다. 이것이 두려워 공직 후보로 나서지 않는 사람이 많이 있을 정도다. 특히 공직자 후보의 도덕적 흠결은 치명적인 약점이 되었다.

고위 공직자에게 필요한 자질은 무엇일까? 이런 사람은 안 된다는 기준이 있을까? 인사청문회에서 중점적으로 검증해야 할 내용은 무엇일까? 공직자의 자격 기준과 이것을 검증하는 시스템에 대한 의견을 물어보았다.

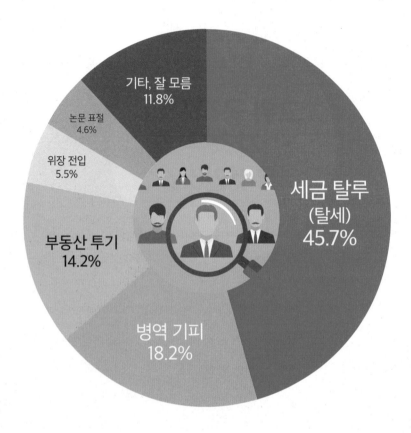

기타, 잘 모름
11.8%

논문 표절
4.6%

위장 전입
5.5%

부동산 투기
14.2%

세금 탈루
(탈세)
45.7%

병역 기피
18.2%

공직자 검증의 가장 중요한 기준은?

인사청문회 등에서 밝혀진 공직자 후보의 흠결에 대해 국민의 불만은 높았다. 그중에서도 탈세가 가장 큰 문제라고 생각하고 있다. 특히 20대의 60% 이상, 대구·경북의 50% 이상 응답자가 탈세를 중요한 검증 기준이라 대답했다.

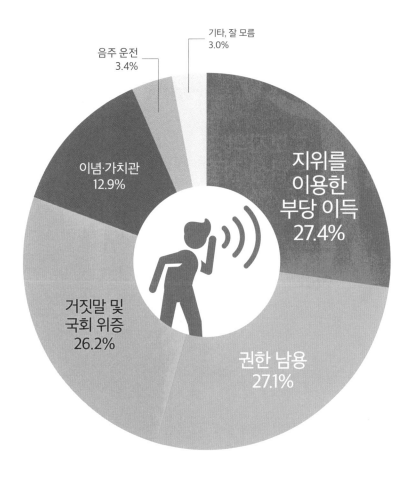

음주 운전
3.4%

기타, 잘 모름
3.0%

이념·가치관
12.9%

지위를
이용한
부당 이득
27.4%

거짓말 및
국회 위증
26.2%

권한 남용
27.1%

공직자로서 받아들이기 힘든 흠결

인사청문회 검증 과정에서 발견된 문제 중에서 용납해서 안 될 것은 무엇일까?
이에 대해 직위를 이용한 이득 추구, 권한 남용, 거짓말 등을 크게 꼽았다.

후보자의
도덕성 검증
66.4%

후보자의
능력 검증
31%

잘 모름
2.6%

인사청문회의 초점

한국인은 후보자의 능력보다 도덕성 검증이 더 중요하다고 생각한다. 고위 공직
자에 대한 엄격한 도덕성을 요구하고 있다는 뜻이다.

추가 자료 공개의 타당성

인사 검증 투명성을 높이기 위해 공직 후보자에 대한 청와대의 사전 검증 자료까지 국회에 추가로 제출하는 것이 바람직하다는 의견이 압도적으로 높다. 현재 청와대가 국회에 제출하는 고위 공직 후보자의 학력·경력·병역·재산·세금 등의 신상 자료 외에 청와대 민정·인사 라인에서 검증한 자료까지 덧붙이는 방향으로 개선하자는 여론으로 풀이된다.

바람직하다
70.1%

잘 모른다
10.4%

바람직하지
않다
19.5%

'고위 공직자 인사 검증 시스템' 여론조사는 <한겨레>와 공공의창이 기획하고 여론조사 전문 기관 리서치DNA가 2017년 11월 17~18일 수행했다. 만 19세 이상 남녀 1,007명을 대상으로 조사했으며 ARS를 통해 무선전화 사용자를 상대로 진행됐다. 표본오차는 95% 신뢰수준에 ± 3.1%p다.

04

사법부 개혁에 관한 판사들의 생각

2018년 사법부의 '재판 거래 의혹'이 불거져 우리 사회가 충격에 빠졌다. 최후의 보루로서 높은 독립성과 신뢰성을 가져야 할 사법부가 개혁의 대상이 된 것이다. 사법부는 어떻게 개혁할 수 있을까? 그 개혁은 성공할 수 있을까? 이에 대해 사법부를 이루는 판사들의 생각은 어떤가? 이에 대해서 전·현직 판사 3명, 제3자인 변호사 1명을 대상으로 표적 집단 심층 좌담(FGD)을 했다. 솔직한 얘기를 듣기 위해 참석자는 익명 처리했다.

법률가 1
(현직 판사)

법률가 2
(판사로 재임하다
퇴직하고 최근
변호사가 되었다)

법률가 3
(변호사로 시작해
판사로 전직했다가
다시 변호사로
돌아갔다)

법률가 4
(판사 경험이 없는
변호사)

판사라는 직업

이익을 신경 쓰지 않고
어떻게 하면 내가 좀 더
올바른 판단을 할 수
있을까를 고민할 수
있다는 게 가장 좋았어요.
정말 철저하게 공익적인
직업인 거죠.

판사로 있을 때
그 공공성이 큰 보람을
줍니다. 사건을 심리하며
이런 고민을 하는
나 자신이 뿌듯하기도
했고요.

최고의 엘리트

판사 대부분은 자신이 법원행을 택하지 않았다면 우리나라 6대 로펌에 들어갈 수 있었다고 생각합니다.

공부 잘하는 사람들만 모아놓은 연수원에서도 가장 열심히 공부한 사람이 지금의 판사들이에요. 연수원에서 보면 정말 인상이 별로였던 사람들이 있어요. 법원에서 오신 교수님도 "저런 사람은 법관으로 임관 안 시킨다"고 말할 정도였는데, 결국 연수원 성적이 좋으니 판사가 됐어요. 법원에서도 좋은 보직만 받더라고요. 성적을 이길 수 있는 건 아무것도 없어요.

균질한 엘리트 조직

이렇게 균질한 조직을 본 적이
없습니다. 최소한 중산층 이상의
집안에서 태어나 인생의 굴곡 없이
자란 모범생이라, 하라는 대로
공부를 해서 여기까지 왔죠.
법원의 공공성이 인정되는
이유 중 하나가 사회적인 결정에서
다수뿐 아니라 소수자의 이익도
고려하기 때문이거든요.
그런데 이렇게 균질한 사람들의
시야는 뻔하죠.

과로와 격무

무지 더운데
에어컨을 안 틀어줘서
(법원도 공공기관 냉난방 제한
대상이다) 도저히 사무실에
나갈 수 없는 여름
주말에나 간혹 쉬었던 것
같아요.

일은 좋은데 너무
많고 힘드니까 인생을
소모하는 느낌이었어요.
아침 7시에 출근해서 밤 9시 반에
퇴근하고 주말에도 일해요.
팽팽한 활시위를 당긴 상태에서
계속 생활하는 거예요.
아이들과 놀아줄 수도 없고
동물 같은 느낌이 들었어요.
내 인생을 좀 살자고 해서
나오게 됐죠.

법원에 있으면 소모되는 느낌,
피로감을 느끼는 게 있어요. 사건 처리하는 데
급급해져서 매너리즘에 빠져요.
사건 하나하나에 철학을 담을 겨를도,
철학을 키울 틈도 없어요.

인사에 얽매이는 판사들

자기가 조만간
인사 대상이 된다고
생각하면
판결에 신경을
안 쓸 수 없죠.

재판 개입은 판사들에게
늘 있을 수 있는 일이 아니에요.
법원행정처에서 내 재판 때문에
연락 오는 일은 아예 없거나, 일생에
한두 번 있을까 말까죠.
하지만 해외 연수를 신청하거나 법원을
옮기는 이런 인사는 매일 맞닥뜨리는
문제거든요. 그걸 늘 의식하다 보니
약간의 압박을
받았어요.

형사 재판은 힘들어요.
판사들 사이에선 형사 재판을
맡지 않는 방법이 있었어요.
예를 들어 양심적 병역 거부
무죄 선고를 하면 "얘는 좀
위험하다"며 형사 재판을
안 맡기는 식이죠.

저도 비슷한 경험이 있어요.
양심적 병역 거부 사건 심리를
했던 동료 판사가 "이거 무죄로
판결하면 앞으로 형사 못 하겠지"라고
하더라고요. 그게 사실인지 알 수는
없지만, 그런 의심들이 들 때 불이익을
감수할 수 있는 용기를 가지고 재판을
할 수 있느냐가
문제가 될 수 있어요.

잘하지는 못하더라도
찍히지는 말아야지 하는
게 있어요. 법원이 판사
인사를 자주 하는 이유는
통제에 있는 것 같습니다.

법원 윗사람 누군가가
그런 사건에서 무죄가 나는 걸
싫어한다는 것을 아는 거죠.
형사 재판을 안 맡긴 게 반드시
인사 불이익 때문이라고
단정할 수 없지만, 주변에서
보기에는 일종의 시그널이 되겠죠.

어떻게 판사가 이렇게까지 자기 직무의 공공성에
약한가라는 회의도 들었습니다. 인사에 진짜 약해요.
노동자들은 잘릴 각오를 하고 파업을 하지만,
판사가 코트넷(법원 내부 통신망)에 글 쓴다고 해서
잘리지는 않아요. 대신 각종 '기회'를 박탈당할 수는
있는데 그것에 대한 불안감이 큰 거죠. 판사들이 정말
민감해하는 건 '블랙리스트'에 들어가는 것이 아니라
'화이트리스트'에 포함되지 못한다는 불안감일지
몰라요. 인정 경쟁에서 항상 이겨왔기 때문에
그 안에 들어가고 싶은 욕망이 강하거든요.

만들어진 신뢰의 몰락을 두려워하는 판사들

사법 농단 사건을 대하는 판사들의
태도가 충격적입니다. 판사 중에는 "이 모든 게
드러나면 사법부의 위상과 사법 신뢰 자체가 돌이킬
수 없을 정도로 훼손되는 것이 아니냐",
"다 드러나는 게 옳은 것이냐"고 말하는 이들이 있어요.
그래서 대법원 추가 조사도, 검찰 수사도, 법관 탄핵도 반대한 거죠.
마치 1970~1980년대 기업 홍보 방식 같습니다. 우리의 나쁜 점은
적극적으로 숨기고 우리의 좋은 점은 과장해 홍보하자,
사람들에게 좋은 이미지를 갖게 하자, 그게 우리 조직을 지키는 일이다,
이런 식이죠. 기만적인 홍보로 쌓은 신뢰는 언젠가 또 흔들려요.
그렇게 얻은 사법 신뢰가 견고하게 유지될 수 있을까요?
만들어진 신뢰를 과하게 받아오다가, 이제는 그런 신뢰를 과하게 잃고
있어요. 그런데 과하게 얻을 때는 가만있다가 잃을 때는 억울해하죠. 대법관
등 고위 법관들은 여전히 '사법 신뢰는 만들어져야 한다'고 생각해요.
판사들은 일부 재판 개입 때문에 나머지 모든 재판도 그렇게 진행될
거라는 편견이 생기지 않을까 분노해요. 이해는 되지만 덮는 건
해결책이 아니잖아요. 단기간에 국민의 오해를 끝낼 수 있는
방법? 저는 없다고 생각해요. '삼성 신화'처럼 '법원 신화'도
만들어졌다고 봐요. 판사만이 아니라 보수 언론 등도
'여기서 끝내라'는 식이죠. 그동안 우리나라 수준에
맞는 사법부를 가지고 있던 게 아닐까요?

사법부 개혁을 집안일로 생각하는 판사들

판사들이 이번 상황을 '집안일'로 선 긋고 있습니다. 법원 분위기를 보면 '우리 스스로 해결할 테니 간섭하지 말라'는 거 같아요. 그런데 사법 제도는 사법부가 아니라 국민의 재판청구권을 보호하기 위해 만들어놓은 거잖아요. '우리 조직', '우리 사법부', '우리가 잘 해결할 수 있어'라고 하는데, 재판받는 사람들의 생각도 같이 들어가면서 해결해야 하는 게 맞다고 생각해요. 간섭이라고 못마땅해하면 안 되죠.

판사들은 재판하면 언제나 한쪽 당사자로부터 욕을 먹어요. 그래서 이런 외부 목소리에 흔들리면 안 된다는 훈련을 받죠. 게다가 외부는 주로 국민을 대표하는 국회가 되는 경우가 많아요. 정쟁이나 벌이는 국회가 과연 삼권 분립과 재판 독립을 지켜줄까, 오히려 국회가 재판에 직접 개입하는 게 아닐까 하는 불신이 크죠.

이것은 잘못한 사람이 벌줄 사람의 자격을 따지는 태도입니다. 지금 국민이 법원에 신뢰를 보내지 않는 것은 잘못 그 자체가 아니라 잘못이 드러난 이후의 태도 때문입니다. 잘못을 덮거나 감춰서 추락하는 거죠. 사법부 신뢰 회복은 간단해요. 잘못을 깨끗하게 인정하고 어떤 벌이든 달게 받겠다는 자세면 되는 거예요. 지금은 어때요? "우리도 잘못했다. 그런데 너는 깨끗하냐? 우리보다 더한 검찰이 우리를 수사해? 우리보다 덜하지 않은 국회가 개입해?" 이런 식이죠.

이중 잣대

지난 10월 법원행정처의 전관예우 실태 조사 연구 용역 결과를 보면 판사들의 이중 잣대가 드러납니다. 국민(41.9%), 검사(42.9%), 변호사(75.8%) 모두 전관예우 현상이 실제로 존재한다고 대답했습니다. 그러나 조사에 참여한 판사 중 23.2%만이 전관예우를 인정했습니다. 갑절 가까운 54.2%는 전관예우는 없다고 했습니다. 또 판사들의 56.1%는 수사기관에선 결과를 뒤집는 전관예우가 작동한다고 보면서도, 정작 형사 재판에서는 절차 이외에 결론을 바꾸는 영향은 없다(45%), 절차든 결론이든 아무런 영향이 없다(41.7%)고 답했습니다.

이런 이중 잣대는 법원 판결은 당연히 믿어야 한다는 판사들의 태도와 연결됩니다. 판사는 신이 아니잖아요. 재판 결과를 판사끼리 믿어주는 건 아무 소용 없잖아요. 동료 판사가 동료 판사의 재판을 믿는 게 무슨 의미인가요? 재판 당사자, 국민이 믿을 수 있어야 하잖아요. 재판에 대한 믿음을 국민에게 강요할 수는 없으니, 판사들이 정말 양심껏 재판했다고 믿을 수 있는 근거를 사법부가 제공해줘야 해요. 그게 바로 공정한 재판 절차죠. 그래서 재판 절차와 결론이 분리될 수 없는 겁니다. '재판 개입 자체가 없었다'는 주장은 그 전제부터 잘못됐습니다. 법원 내부에선 '재판 과정에 행정처나 고위 법관의 영향력이 있었더라도 재판 결론만 바뀌지 않았으면 되는 거 아니냐'는 주장이 그럴듯하게 받아들여집니다. 그러나 재판을 해보면 재판 절차와 결론은 분리될 수 없어요. 재판 절차가 망가졌어도 결론을 잘 내리면 재판 거래는 존재하지 않는 건가요? 판사의 뇌를 들여다보지 않는 이상 결론까지 바꿨는지 알 수가 없는데도요?

법원의 이런 태도는 '신영철 재판 개입' 때도 똑같았습니다. 2008년 신영철 전 대법관이 서울중앙지법장으로 있을 때 이명박 정부 정책에 반대한 촛불 집회 사건 형사 재판을 특정 재판부에 몰아주거나 양형에 개입한 사실이 뒤늦게 드러났습니다. 그때도 일부 판사들은 "그 정도를 재판 개입이나 압박으로 느낀 판사가 이상하다"고 했어요. "그런 걸 거부할 강단도 없이 어떻게 판사를 하느냐"는 거예요. 10년이 지난 지금도 그래요. 행정처의 '조언'을 '개입'으로 느끼는 판사가 이상하다는 거죠.

법관의 기득권 존재, 자체 개혁은 어렵다

'나를 믿으라'는 선언은 평판사부터 대법관까지 공통적입니다. 2017년 6월 대법관 13명 전원(대법원장 제외)은 재판 거래는 사실이 아니다는 입장문을 발표했습니다. 문제가 된 재판이 끝나고 한참 나중에 임명된 대법관들까지 "재판 거래는 없었다"고 한목소리를 냈어요. 입장문을 발표하면 국민이 믿어줄 거라고 생각하는 게 코미디죠. 비극이 여기 있는 거 같아요. 국민은 매우 화가 나지만 당장 이런 법원에 재판은 또 받아야 한다는 거죠.

만약 신영철 대법관 사태 때 법원이 단호하게 대법관을 징계했다면, 이후 재판 개입은 없었을 거예요. 저도 동료 법관들이 불쌍해요. 하지만 탄핵이라는 헌법적 판단이 이뤄지지 않으면 10년, 20년 뒤에 어떤 식으로 오늘의 상황을 받아들이게 될까요?

사법 개혁의 물꼬를 틀 수 있는 건 대법원장인데, 요즘 뭘 하는지 잘 모르겠습니다. 자신을 평화로운 '요순시대'의 대법원장이라고 생각하는 것 같아요.

법원 자체 개혁은 불가능합니다.

지금 김명수 대법원장을 엄청난 권한을 행사하던 전임 이용훈·양승태 대법원장과 비교할 수 없어요. 훅 불면 날아갈 것 같은 촛불 같은 입지죠. 대법원장이 검찰 수사에 협조하겠다고 말한 순간 법원 내 30~40%는 등을 돌렸다고 봐요. 기득권을 해체하는 일이라 기득권이 돌아선 거죠. 대법원장이 한 발 내디디면 세 발 물러서는 반발이 나오는 이유입니다.

추가 의견

심층 좌담이 끝나고 엿새 뒤인 2018년 12월 7일 법원은 박병대·고영한 전 법원행정처장(대법관)의 구속 영장을 기각했다. 좌담 참석자들에게 여기에 대한 추가 의견을 구했다.

범죄가 아니라고 위헌 행위가 합헌으로 바뀌지 않습니다. 이 사안을 제대로 해결하기 위한 첫 단추는 법관 탄핵입니다.

영장이 기각될 거라 예상했습니다. 이로 인해 탄핵이 더 중요해졌습니다.

기각을 예상했습니다. 전직이지만 대법관 구속 영장을 발부하면 법원의 존재 가치, 자존심을 스스로 허무는 느낌이라 쉽지 않았을 것입니다.

그 누구의 영장보다 법원의 부담과 고민이 컸을 것입니다. 이해합니다. 하지만 누가 그 고민의 결과를 수긍하겠습니까?

'전·현직 법관 표적 집단 심층 좌담'은 <한겨레>와 공공의창이 기획해 이은영 한국여론연구소장의 사회로 현직 법관 1인, 전직 법관 2인, 변호사 1인이 참여해 이뤄졌다. 2018년 12월 1일 3시간을 넘는 집중적인 대화를 진행했다. 민주사회를 위한 변호사모임 사법위원회가 도움을 주었다.

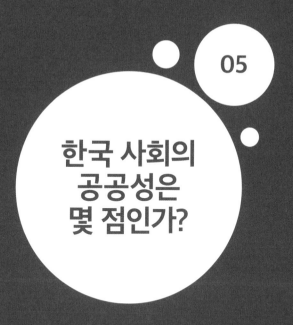

05

한국 사회의 공공성은 몇 점인가?

대한민국에 산다는 것은 어떤 의미일까? 우리 사회는 함께 어울려 살기에 얼마나 적합할까? 이것을 알아보기 위해 공공성 지수를 파악해보았다. 공공성 개념은 그 차원과 영역이 매우 다양하다. 최근 한국인은 세월호 참사, 촛불 시위, 대통령 탄핵이라는 역사적 질곡을 거쳐왔다. 그 속에서 투명·소통·정의·평등·안전·공유·인권 등의 공공적 가치 실현을 위한 욕구를 느끼게 되었다.

공공성 확대는 제도뿐 아니라 국민 인식이 중요하다. 공공성 인식은 제도에 대한 신뢰를 반영하며, 이는 제도 변화의 강도와 방향에 영향을 주기 때문이다. 우리 사회의 공공성에 몇 점을 주어야 할까? 공공성을 높이기 위한 과제는 무엇인가?

당신은 행복하십니까?

한국인 10명 중 2명 이상은 자신이 불행하다고 느낀다. 그리고 행복한지 아닌지 잘 모르겠다는 사람도 꽤 높은 비중을 차지한다. 한국인의 행복 지수는 40점이 조금 넘는 수준이다.

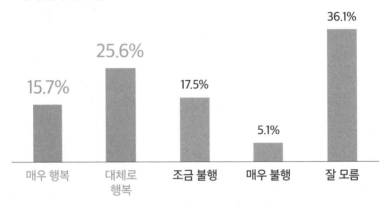

시장 공정 경쟁

한국 사회에서 누구나 열심히 노력하면 성공한다는 의견에 어느 정도 동의할까? 동의하는 사람이 많지 않다. 사회가 불공정하다고 느낀다. 시장 공정 경쟁 지수는 28.8점이다.

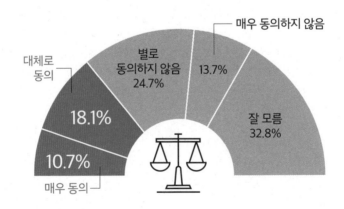

시장 평등 분배

한국인은 누구나 노력한 만큼 정당한 대가를 받는다고 느끼고 있을까? 그렇지 않은 사람이 훨씬 많다. 시장 평등 분배 지수는 24.5점이다.

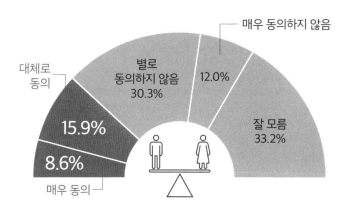

정부 정책 편향

국가가 부자들의 이익보다 가난한 사람들을 더 대변하고 있다는 주장에 동의하는 사람의 비중이 작다. 정부 정책 편향 지수는 30.4점이다.

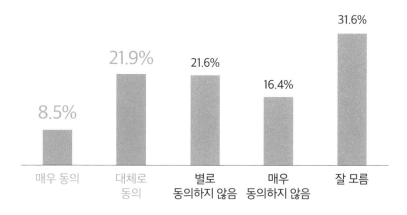

정부 소통 역량

국가가 국민의 의견을 충분히 반영하고 있는지 동의 정도를 물었다.

16.3%	30.3%	16.9%	12.6%	23.9%
매우 동의	대체로 동의	별로 동의하지 않음	매우 동의하지 않음	잘 모름

사회 자율성

한국 사회는 계층, 지역, 인종, 종교 등에 의한 차별이 없는 사회인가? 이에 대해 한국인들은 얼마나 동의할까?

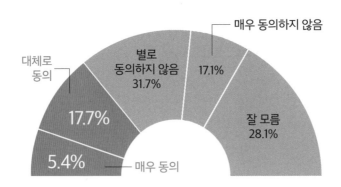

대체로 동의 17.7%
별로 동의하지 않음 31.7%
매우 동의하지 않음 17.1%
잘 모름 28.1%
매우 동의 5.4%

담론 권력 공정성

우리 사회의 언론은 가난하고 약한 사람들의 목소리를 잘 대변하고 있는가?

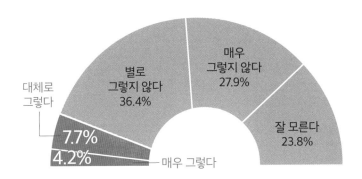

개헌에 대한 생각

헌법 개정이 한국 사회의 지속 가능한 발전에 도움을 줄 수 있다는 의견이 그렇지 않다는 의견보다 압도적으로 많았다.

미투 열풍에 대한 생각

미투, 즉 사회적 성폭력·성희롱 근절 운동은 한국 사회의 지속 가능한 발전에 도움을 줄 수 있다고 보는 의견이 많았다.

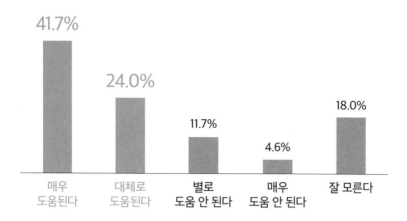

미투의 의미

사회적 성폭력·성희롱 근절을 지향하는 미투 운동은 특정 분야의 문제라기보다는 한국 사회 전반의 보편적인 문제라는 주장에 공감하는 비율이 꽤 높았다.

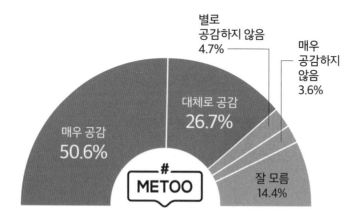

세월호 사건 진상 규명에 대한 생각

세월호 침몰 사고의 진실을 밝히는 것이 한국 사회의 지속 가능한 발전과 신뢰 형성에 도움이 된다고 보는 사람이 절반 이상이었다.

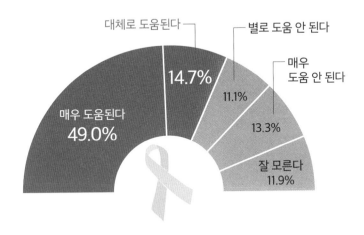

세월호 사건 진상 규명 가능성

세월호 참사의 진상 규명이 가능할 것이라 보는 사람이 더 많았다.

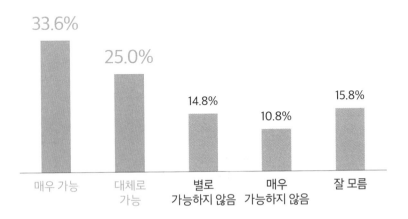

촛불의 의미

2016년 수많은 시민이 광화문 촛불 집회로 모인 주된 이유는 부패한 권력을 심판하기 위해서라는 주장에 한국인들은 얼마나 공감하고 있을까?

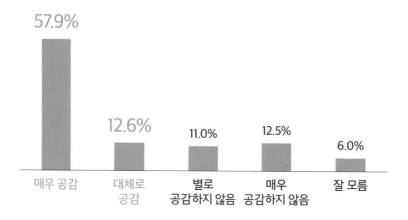

매우 공감	대체로 공감	별로 공감하지 않음	매우 공감하지 않음	잘 모름
57.9%	12.6%	11.0%	12.5%	6.0%

혁신 가능성

한국 사회가 진짜 공정하고 공평한 세상으로 바뀔 수 있다고 보십니까?

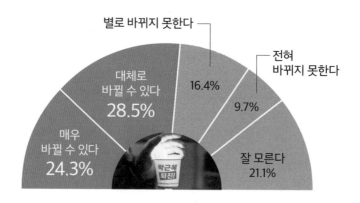

별로 바뀌지 못한다 — 16.4%

전혀 바뀌지 못한다 9.7%

대체로 바뀔 수 있다 28.5%

매우 바뀔 수 있다 24.3%

잘 모른다 21.1%

대체로 낮은 공공성 지수가 나타났지만, 한국인은 희망의 끈을 놓지 않고 있었다. 한국 사회가 바뀔 수 있다는 응답이 53%로 바뀌지 못한다는 응답보다 훨씬 더 높았다. 슬픈 현실과 절박한 문제의식에도 불구하고, 한국인은 희망을 쥐고 앞으로 나아가고 있다.

'공공성 지수 및 사회 현안 여론조사'는 〈경향신문〉과 공공의창이 기획하고 여론조사기관 우리리서치가 조사를 수행했다. 2018년 3월 27일 19세 이상 전국 성인남녀 500명을 대상으로 했다. 성·연령·지역에 따른 무작위 할당 비례 추출로 휴대전화 ARS 방식으로 진행했다. 오차범위는 95% 신뢰수준에 ±4.7%p다.

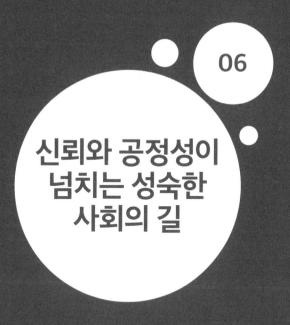

06

신뢰와 공정성이 넘치는 성숙한 사회의 길

2018년 11월 숱한 진통을 거친 끝에 노사정 대표가 참여하는 '경제사회노동위원회 (약칭 경사노위)'가 출범했다. 어렵게 사회적 합의 기구를 조직한 만큼 의미 있는 성과가 나와야 할 것이다. 노사정의 대화에서 신뢰를 바탕으로 생산적인 토론이 진행되고 발전적 대안을 만들려면 어떤 노력을 기울여야 할까?

대한민국이 더욱 성숙한 사회로 나아가려면 앞길을 가로막은 적폐들을 제거해야 한다. 그런데 적폐는 평범한 시민의 일상과 동떨어진 권력층에만 존재하는 것이 아니다. 생활 속 깊숙이 적폐가 쌓여 있다. 이런 적폐를 제거하는 것이 더 중요한 일일 수도 있다. 한국 사회의 성숙을 가로막고 있는 생활 속 적폐들로는 어떤 것이 있을까? 이런 적폐를 제거하고 신뢰와 공정이 넘치는 성숙한 사회로 발전하려면 무엇을 어떻게 해야 할지 물었다.

노사정 대화의 진전을 위한 길 찾기

한국의 경제 사회적 문제를 해결하기 위해 노동계, 경영계, 정부가 모여 의논하는 대화를 활성화하기 위해 가장 중요한 것은 무엇일까?

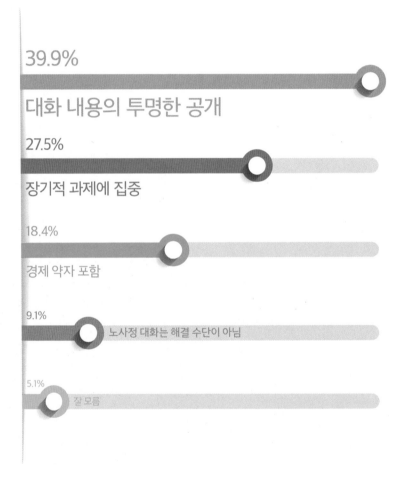

39.9%

대화 내용의 투명한 공개

27.5%

장기적 과제에 집중

18.4%

경제 약자 포함

9.1%

노사정 대화는 해결 수단이 아님

5.1%

잘 모름

사회적 여론 수렴과 합의를 위한
공론조사 제도적 도입

국가가 일정 규모 이상의 사업을 하거나 중요한 법률 제도를 바꿀 때는 여론의 수렴이 매우 중요하다. 시민들이 깊이 토론하고 깊게 생각할 수 있는 공론조사의 제도적 도입도 효과적인 방안이 될 수 있는데, 이에 대한 공감도를 물었다. 응답자의 80.6%가 공감을, 15.3%가 비공감을 표현했다.

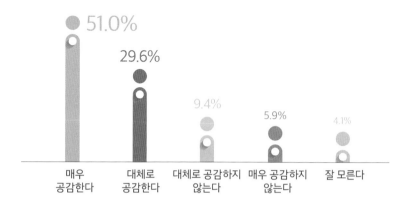

매우 공감한다	대체로 공감한다	대체로 공감하지 않는다	매우 공감하지 않는다	잘 모른다
51.0%	29.6%	9.4%	5.9%	4.1%

공론화 상설 기구 설치

중요한 사회 사안에 대해 토론과 숙의를 제도적으로 할 수 있도록 정부가 공론화 상설 기구를 설치하는 것에 대해서는 77.5%가 필요하다고 답했다.

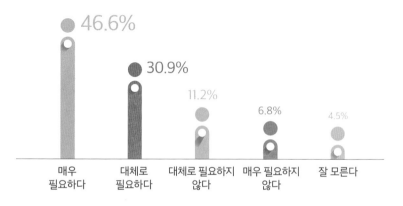

매우 필요하다	대체로 필요하다	대체로 필요하지 않다	매우 필요하지 않다	잘 모른다
46.6%	30.9%	11.2%	6.8%	4.5%

생활 적폐 중 가장 심각한 것은?

정부는 8개의 생활 적폐를 추린 다음 발표하면서 청산해나가겠다는 의지를 밝혔다. 이 8가지 중 가장 심각한 생활 적폐는 무엇일까?

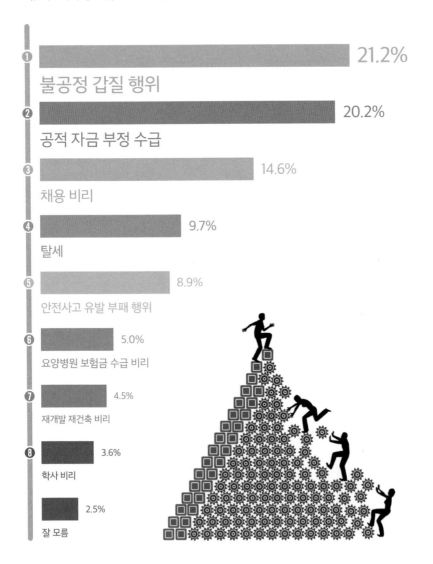

➊ 불공정 갑질 행위 — 21.2%

➋ 공적 자금 부정 수급 — 20.2%

➌ 채용 비리 — 14.6%

➍ 탈세 — 9.7%

➎ 안전사고 유발 부패 행위 — 8.9%

➏ 요양병원 보험금 수급 비리 — 5.0%

➐ 재개발 재건축 비리 — 4.5%

➑ 학사 비리 — 3.6%

잘 모름 — 2.5%

생활 적폐 청산 방법은

생활 적폐를 해결하기 위해 우리 사회가 가장 관심을 가져야 할 일은 무엇인가?
응답자들은 적폐 행위에 대한 강력한 처벌과 함께 구조적이고 근본적인 개혁을
요구했다.

적발된 적폐 행위에 대한 강력한 처벌	43.6%
적폐의 구조적·근본적 개선	33.5%
광범위한 적폐 행위의 실제 확인	9.6%
피해자에 대한 회복 지원	6.6%
잘 모름	6.7%

한국 사회 공정성 지수

공정성을 나타내는 대표 분야의 공감도를 지수화했다.

항목	내용	지수
정부 소통	정부가 국민의 의견을 충분히 반영하고 있는가?	32.1%
약자 대변	정부가 부자들보다 가난한 사람을 대변하는가?	32.4%
공정 경쟁	누구나 열심히 노력하면 성공할 수 있는가?	16.8%
공정 분배	누구나 노력한 만큼의 정당한 대가를 받고 있는가?	14.1%
자율성	돈, 직업, 지역, 정치적 견해 등에 따른 차별이 없는가?	16.4%
담론 공정성	언론이 가난하고 약한 사람의 목소리를 잘 대변하는가?	8.0%

'사회적 자본(신뢰)에 영향을 미치는 현안 및 의제 관련 여론조사'는 <경향신문>과 공공의창이
기획하고 여론조사기관 조원씨앤아이가 조사를 수행했다. 2018년 11월 20일 19세 이상 전국
성인남녀 700명을 대상으로 했다. 인구 비례에 따른 성·연령·지역별 할당 무작위 추출로 무선
ARS-RDD 방식으로 진행했다. 오차범위는 95% 신뢰수준에 ±3.7%p다.

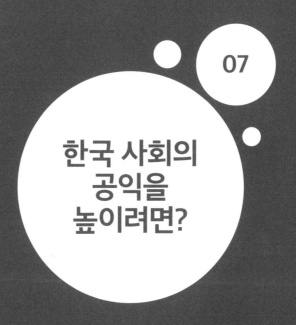

07

한국 사회의 공익을 높이려면?

'공익'이나 '공공성'이라는 단어를 흔히 들을 수 있지만, 정확한 의미가 모호하게 느껴진다. 그도 그럴 것이 공익에 대해서는 학자마다 정의와 접근법이 다르고, 시대에 따라 그 의미가 변해왔다. 또한 매우 광범위하게 쓰이기 때문에 한정적인 정의로는 의미를 파악하기 어렵다. 그때그때의 맥락에 따라 이해하는 수밖에 없다.

사전적으로 말하자면 공익은 공공의 이익, 즉 사회 구성원 전체의 이익을 말한다. 하지만 공익이 사익과 대립하는 개념은 아니다. 사익을 억제해야 공익이 커지는 것은 아니라는 말이다. 개인이나 여러 사회 집단은 서로 부딪치거나 협력하여 가치 체계를 만들어내는데, 이것이 다수 이익에 최대한 일치하는 쪽으로 향한다. 사익의 단순 합계가 아니라, 사익과 구별되는 실재적 개념으로서 공공성을 띤 이익이 존재한다.

한국 사회에서 사익과 구별되는 공익이란 무엇인가? 그것을 어떻게 추구할 수 있는가? 공익에 대한 여러 쟁점을 중심으로 국민이 함께 행복해지는 방안에 대한 의견을 모아보았다.

자녀의 사교육비 부담 때문에 많은 국민이 노후 대비도 못한 채 고통을 겪고 있습니다. 이를 해결하기 위해 헌법을 개정해서라도 '사교육을 규제'하자는 의견에 대해 어떻게 생각하십니까?

찬성
59.0%

반대
30.0%

잘 모른다
11.0%

사교육을 법으로 규제해야 하나?

찬성 의견은 40대와 50대에서 전체 평균보다 높았으며, 반대 의견은 20대와 학생이 찬성보다 높은 비율을 보였다.

청년 실업률이 심각하다고 합니다.
누구의 노력이 더 필요하다고 보십니까?

국가가 노력
58.0%

기업이 노력
33.7%

잘 모른다
8.3%

청년 실업 해결 노력 누가 해야 하나?

국가가 더 노력해야 한다는 의견이 전반적으로 높은 가운데 20대와 진보 성향의
응답자가 전체 평균보다 더 많이 찬성했다. 보수 성향의 응답자들은 기업이 더 노
력해야 한다는 의견이 더 많았다.

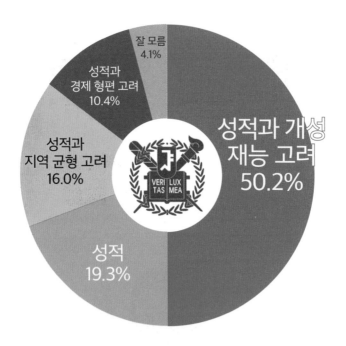

**서울대학교가 학생을 선발할 때,
어떤 기준을 가장 많이 적용해야 한다고 보십니까?**

잘 모름
4.1%

성적과
경제 형편 고려
10.4%

성적과
지역 균형 고려
16.0%

성적과 개성
재능 고려
50.2%

성적
19.3%

서울대학교 학생 선발 기준은?

성적과 개인 개성·재능 고려는 모든 계층과 지역에서 가장 많이 응답했다. 성적
으로 선발하자는 응답은 서울에서, 성적과 지역 균형을 고려하자는 의견은 60대
이상과 광주·전라 지역에서 상대적으로 많았다. 성적과 경제 형편을 고려하자는
의견은 60대 이상이 전체 평균보다 높은 비율을 나타냈다.

시민 사회와 기업이 공익에 더 효과적으로 기여하는 방식은 무엇이라고 생각하십니까?

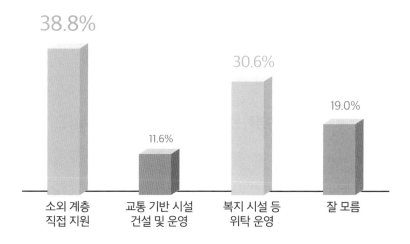

시민 사회와 기업의 효과적인 공익 기여 방식

소외 계층 직접 지원은 40대 이하와 서울에서 전체 평균보다 높았으며, 복지 시설 위탁 운영은 60대 이상과 대전·충청, 광주·전라 응답자에서 1순위로 꼽혔다.

스포츠구단의 운영하는 방식 중 공감이 더 가는 내용은?

팀 승리보다
선수 보호 중요
69.5%

잘 모름
14.1%

선수 보호보다
팀 승리 중요
16.4%

스포츠구단 운영 방식

선수 보호가 중요하다는 의견이 모든 계층 및 지역에서 우세했는데 20대, 학생,
광주·전라에서 전체 평균보다 높게 나타났다.

한국 사회에 가장 위협이 되고 있는 문제는 무엇입니까?

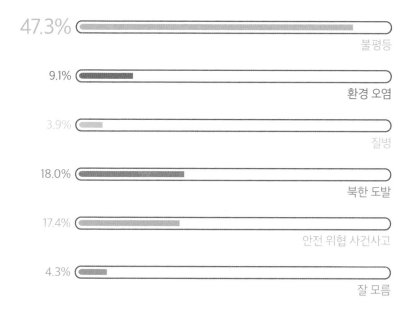

47.3% 불평등

9.1% 환경 오염

3.9% 질병

18.0% 북한 도발

17.4% 안전 위협 사건사고

4.3% 잘 모름

한국 사회 가장 위협이 되는 문제

불평등이 60대 이상을 제외한 모든 계층과 지역에서 가장 높은 비율을 나타냈다. 북한 도발은 60대 이상과 보수 성향에서 1순위였다. 안전 위협 사건사고는 20대와 30대, 여성에서 전체 평균보다 높았다.

우리 사회의 불평등과 불공정 심화의 가장 주된 원인은 무엇이라고 생각하십니까?

잘 모름
9.1%

부와 권력이
한쪽으로 집중
44.6%

부와 권력의
잘못된 대물림
46.3%

불평등·불공정 심화의 주된 원인

잘못된 대물림은 30대에서, 편향된 집중은 생산직에서 전체 평균보다 높은 비율
을 나타냈다.

정치 개혁이 어떤 방향으로 가야 한다고 보십니까?

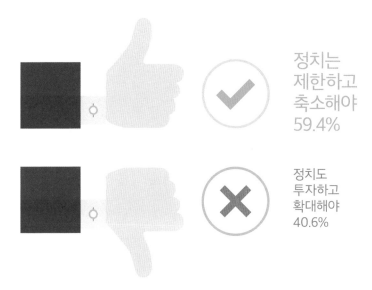

정치는
제한하고
축소해야
59.4%

정치도
투자하고
확대해야
40.6%

정치 개혁의 방향은

정치를 제한하고 축소하자는 의견은 50대, 60대 이상, 대구·경북에서 전체 평균
보다 높게 나타났으며 정치에 투자하고 확대하자는 의견은 20대, 학생, 500만 원
이상 소득자에서 대립 의견보다 높게 나타났다.

'사회적 공익에 관한 인식' 조사는 공공의창이 기획하고 여론조사 전문기관 우리리서치가 수행
했다. 2016년 10월 12~13일 전국 성인남녀 1,000명을 대상으로 유무선 전화 RDD 방식으로 조
사했다. 95% 신뢰수준에서 허용오차 ±3.1%p다.

08

전문가들이
본 10년 후
한국은?

2016년 겨울, 촛불의 열기가 한파를 녹였다. 광화문을 비롯해 전국 각지의 광장에
모인 시민들은 촛불을 들고 민주주의 회복을 염원했다. 현직 대통령이 탄핵당하고
새로운 정부가 들어섰다. 하지만 그것으로 충분하지 않았다. 시민들은 더 나은 대한
민국을 꿈꾸었다. 촛불을 들었던 한국인이 바라는 것은 대통령과 여당의 이름이 바
뀌는 것이 아니라 본질적인 변화였을 것이다.

대통령 탄핵안이 국회를 통과했던 2016년 12월, 사회 전문가들을 대상으로 대한민
국 10년 후 미래를 알아보기 위해 17개의 문항으로 구성된 웹 설문조사를 했다. 전
문가들은 한국의 미래를 어떻게 예측했을까? 절망은 무엇이고 희망은 무엇인가?

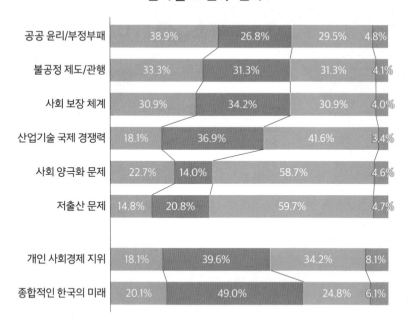

분야별 10년 후 변화

분야				
공공 윤리/부정부패	38.9%	26.8%	29.5%	4.8%
불공정 제도/관행	33.3%	31.3%	31.3%	4.1%
사회 보장 체계	30.9%	34.2%	30.9%	4.0%
산업기술 국제 경쟁력	18.1%	36.9%	41.6%	3.4%
사회 양극화 문제	22.7%	14.0%	58.7%	4.6%
저출산 문제	14.8%	20.8%	59.7%	4.7%
개인 사회경제 지위	18.1%	39.6%	34.2%	8.1%
종합적인 한국의 미래	20.1%	49.0%	24.8%	6.1%

한국 사회의 전망은 비관적

전문가들이 보는 대한민국의 어두운 미래는 어디 한 곳 빠져나갈 탈출구가 보이지 않는다. 현상 진단을 넘어 본질을 파고들어야 겨우 희망이 보인다. 한국 사회의 분야별 과제들은 10년 후 전망에서 어둡고 무거운 예측들로 가득하다.

10년 동안의 연평균 경제성장률 예측

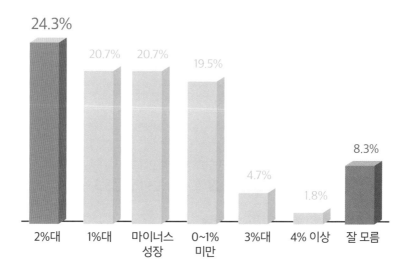

2%대	1%대	마이너스 성장	0~1% 미만	3%대	4% 이상	잘 모름
24.3%	20.7%	20.7%	19.5%	4.7%	1.8%	8.3%

10년 후 대한민국 경제

전문가들은 우리나라 경제성장률(GDP기준)을 낮게 예측했다. 전문가들은 국내의 총체적인 경제 위기와 중국발 버블 경제의 붕괴를 한국 경제의 걸림돌로 꼽았다. 한국 경제가 내우외환을 겪을 것이라는 뜻이다. 그리고 미국발 군사 위기보다 중국발 경제 위기에 더 예민하게 반응했고, 한반도 군사 충돌보다 일본의 군사력 팽창을 더 신경 썼다.

10년 안에 한국 사회 내에서 재앙에 가까운 사회적 충격이 발생한다면, 가장 가능성이 큰 것은 무엇일까?

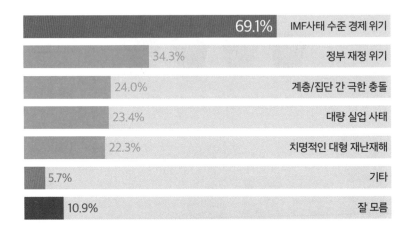

69.1%	IMF사태 수준 경제 위기
34.3%	정부 재정 위기
24.0%	계층/집단 간 극한 충돌
23.4%	대량 실업 사태
22.3%	치명적인 대형 재난재해
5.7%	기타
10.9%	잘 모름

10년 안에 우리나라에 외부 위협이 될 수 있는 한반도 주변의 문제 중 가장 발생 가능성이 큰 것은 무엇인가?

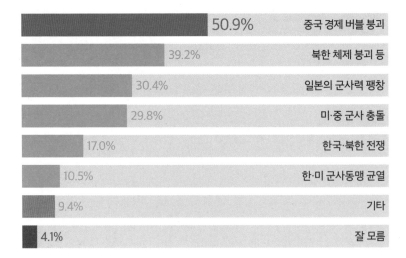

50.9%	중국 경제 버블 붕괴
39.2%	북한 체제 붕괴 등
30.4%	일본의 군사력 팽창
29.8%	미·중 군사 충돌
17.0%	한국·북한 전쟁
10.5%	한·미 군사동맹 균열
9.4%	기타
4.1%	잘 모름

10년 후 대한민국 권력 구조는 어떻게 변할 것으로 예상하는가?

기타, 잘 모름
15.5%

의원내각제
10.1%

이원집정부제
16.1%

대통령
4년
중임제
36.9%

대통령 5년
단임제 유지
21.4%

정치 시스템의 변화

전문가들은 대체로 대통령제가 유지될 것이라고 예상했다. 시민 참여 욕구를 대의제가 대체하기 어렵다고 보기 때문이다. 앞으로 '협치'에 대한 요구는 중요한 정치 담론을 형성하며 대의제를 압박할 것으로 보인다.

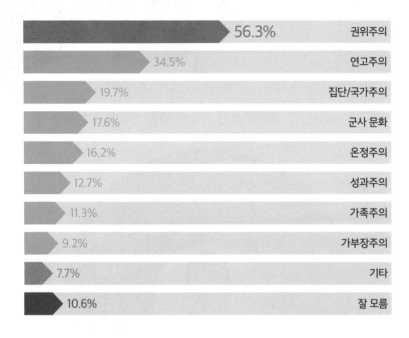

한국 사회가 더욱 성숙해지기 위해
가장 먼저 고쳐야 하는 문화 또는 의식은 무엇인가?(중복응답)

56.3%	권위주의
34.5%	연고주의
19.7%	집단/국가주의
17.6%	군사 문화
16.2%	온정주의
12.7%	성과주의
11.3%	가족주의
9.2%	가부장주의
7.7%	기타
10.6%	잘 모름

문화적 변화

전문가들은 권위주의와 연고주의 타파를 한국 문화의 과제로 꼽았다. 혁신 경제
와 정치 개혁의 공통된 과제 역시 권위주의와 연고주의의 타파다. 이 둘은 이어
져 있다. 연고주의로 만들어진 사회경제적 특권을 유지하려면 권위주의를 동원
할 수밖에 없다.

10년 후 북한 체제는?

29.7%	세습 독재/고립주의
22.1%	사회주의/개혁 개방
21.4%	한국 흡수/남북연합
10.3%	중국 지배 자치정부
2.1%	한미/국제 사회 관리
6.9%	기타
7.5%	잘 모름

북한의 변화

전문가들은 북한의 10년 후 모습을 어떻게 예측할까? 안타깝게도 민주적이고 열린 체제로 변할 것이라는 예측은 많지 않았다.

대한민국의 희망 찾기

앞으로 10년, 한국 사회의 미래에 대한 각 분야 예상들이 지닌 함의를 분석해보기로 했다. 8개 문항 중 '대한민국 미래'(나무의 뿌리)를 종속 변수로 각 분야별(나뭇가지) 전망이 어떤 상관관계를 맺고 있는지 분석했다. 그림에서 보듯 대한민국의 흥망성쇠의 열쇠로 꼽힌 분야는 '경제'나 '복지'가 아니라 '정의'였다.

'대한민국 미래'라는 뿌리에 연결된 첫 번째 나뭇가지는 '공공 윤리·부정부패'였다. 그 윗가지는 '사회보장 체계'였고, 왼쪽으로 뻗은 가지에는 '불공정한 사회 제도와 관행'이 걸려 있다.

'대한민국의 미래'를 제외한 나머지 7개 문항을 요인 분석으로 보면, '대한민국 미래'에 '정의'는 '복지'나 '성장'보다 더 높은 상관성을 보였다. '정의'와 '복지'를 연결하는 중간 가지는 '사회보장 체계'였고, '복지'는 '사회보장 체계'를 비롯해 '본인의 사회경제적 지위'와 '저출산 문제'가 묶여 있었다. 나무의 맨 위를 차지하고 있는 것은 '성장'이었는데, 이를 '복지'와 연결하고 있는 중간 가지는 '저출산 문제'였다. 마지막 단계에서 '산업 기술 경쟁력'과 '사회 양극화 문제'가 함께 묶여 있었다.

2016년 촛불 집회에서 보여준 시민 사회의 역동성은 암울한 설문조사 결과와 달리, 한국 사회의 발전 가능성을 엿볼 수 있는 희망을 제공한다. 4차 산업혁명이 시장에서 제조업과 정보통신기술을 융합시키는 형태로 나타난다면, 시민 사회에서는 선거로 선출된 후보와 일상적으로 더 좋은 민주주의, 더 좋은 공공성을 연결하는 생활 정치로 나타나야 한다.

중산층의 체계적인 몰락, 승자 독식의 구조화, 질 낮은 일자리의 증가, 공동체의 훼손 등은 4차 산업혁명의 이면이기도 하지만, 현재 한국 사회의 모습이기도 하다. 4차 산업혁명이 정의와 성장을 만나게 하는 오작교 역할을 하고, 장기적이고 궁극적으로는 물질의 가치가 사람의 가치를 넘어설 수 없도록 하려면 시민 사회의 역할이 중요하다. 과학도 산업도 사람의 일이다.

10년 후, 대한민국의 변화의 분야별 상관관계

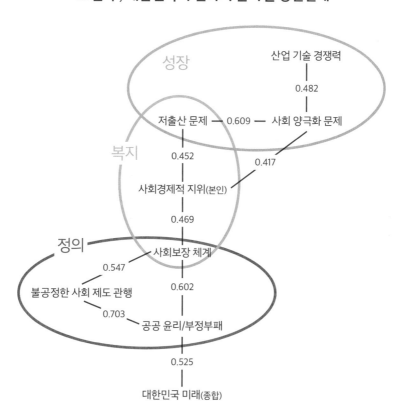

성장

산업 기술 경쟁력

0.482

저출산 문제 — 0.609 — 사회 양극화 문제

복지

0.452

0.417

사회경제적 지위(본인)

0.469

정의

사회보장 체계

0.547

불공정한 사회 제도 관행

0.602

0.703 — 공공 윤리/부정부패

0.525

대한민국 미래(종합)

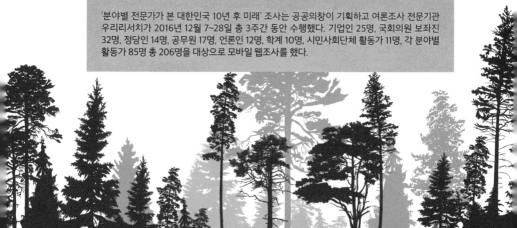

'분야별 전문가가 본 대한민국 10년 후 미래' 조사는 공공의창이 기획하고 여론조사 전문기관 우리리서치가 2016년 12월 7~28일 총 3주간 동안 수행했다. 기업인 25명, 국회의원 보좌진 32명, 정당인 14명, 공무원 17명, 언론인 12명, 학계 10명, 시민사회단체 활동가 11명, 각 분야별 활동가 85명 총 206명을 대상으로 모바일 웹조사를 했다.

09

공론조사와
숙의민주주의의
가능성

2017년 정부가 신고리 원전 5·6호기 존폐를 공론조사에 붙임으로써 공론조사 방식이 알려졌다. 공론조사는 과학적 표본 추출에 의한 여론조사와 응답자들의 학습과 토론을 결합한 방식이다. 가장 먼저 특정 주제로 여론조사를 한다. 그 후 1차 여론조사 응답자 중에서 성·지역·연령 등에 대표성을 지닌 토론 참여자를 선정한다. 이들은 한자리에 모여 전문가들의 강연을 듣는 등 정보를 접하고 상호 토론을 거친다. 이 단계를 거친 후에 1차 여론조사와 같은 질문으로 다시 여론조사를 한다. 첫 여론조사와 마지막 여론조사의 차이는 공론화 과정에서의 의견 변화가 된다.

한국인은 이러한 공론조사에 대해 어떻게 생각할까? 정부의 일반적인 정책 결정, 국회 표결 등 대의민주주의 의사결정 방식과 국민 공론화를 통한 결정인 숙의민주주의를 선호하고 있을까? 공론조사 확대 도입과 공론조사 기구 상설화에 대한 의견을 물었다.

중요한 국가 의사결정에 공론조사가 필요한가?

신고리 원전 공론조사 직후 이뤄진 이번 여론조사에서 공론조사 확대 의견이 높았는데, 이것은 공론화위원회 결론과 관계없이 공론조사 자체에 호의적 여론이 형성된 것으로 보인다.

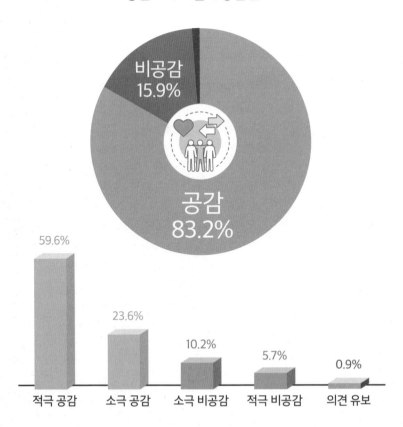

국가가 일정 규모 이상 사업을 하거나 중요한 법률 제도를 바꿀 때 시민들이 토론하고 깊게 생각할 수 있는 공론조사 도입에 공감한다

비공감
15.9%

공감
83.2%

59.6%	23.6%	10.2%	5.7%	0.9%
적극 공감	소극 공감	소극 비공감	적극 비공감	의견 유보

공론조사 상설 기구 설립

공론조사를 전담해 추진할 상설 기구를 설립하자는 주장에 대한 공감 의견이 압도적으로 높았다.

공론조사를 전담할 상설기구를 설립해 운영하는 데 공감하는가?

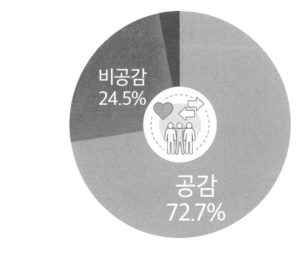

비공감
24.5%

공감
72.7%

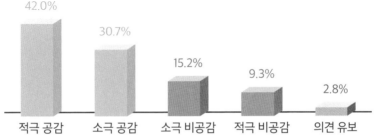

적극 공감	소극 공감	소극 비공감	적극 비공감	의견 유보
42.0%	30.7%	15.2%	9.3%	2.8%

공론조사 활성화 방안

신고리 원전 공론조사는 국가와 지방자치단체 의사결정과 여론 수렴에 대한 새로운 가능성을 보여주었다. 미국과 프랑스, 캐나다 등의 국가는 공론화 상설 기구를 운영하며 다양한 쟁점을 다루고 있다. 그런데 어떤 사안을 공론화하고 그 결과를 얼마나 반영하는지가 문제다. 공론화 상설 기구가 설치된 국가에서도 공론조사 결과를 정부가 100% 수용하도록 법적 의무를 지지는 않는다.

의무적으로 공론화 결과를 수용하라고 한다면 이것은 정부의 책임 방기이며 오히려 헌법 위반이다. 프랑스에서는 공론화 결과를 따르거나 따르지 않는 이유를 공개하도록 정해져 있다. 대의민주주의적 합의에 기초해 정부가 결정 책임을 외면하지 않으면서도 공론화 결과를 존중하도록 하는 정치적 압력을 만드는 방법이다.

은재호(한국행정연구원 선임연구위원)

원칙적으로 공론화를 하지 못할 분야는 없지만, 중앙정부 차원의 거대 담론보다는 지방자치단체 차원의 생활 밀접 분야에서도 공론화의 창의적 결과가 나올 수 있다. 지역 행정 현장에서 마을 관광 안내판 설치나 쓰레기장 설치 등 갈등 사안에 공론화가 활용된 사례가 있다.

전 국민적 관심 사안이고 여러 이해관계가 교차하는 개헌 문제가 공론화 대상이 돼야 한다는 주장도 나오고 있다

공론화는 정부가 정책적 딜레마 상황에서 선택하는 카드이기도 하다. 공론화가 신고리 5·6호기 건설을 재개하는 정부 정책 전환의 정치적 부담을 덜어준 측면이 있다.

임동진(순천향대학교 행정학과 교수)

공론화 수용도에 관한 인식조사는 〈세계일보〉와 공공의창이 기획하고 여론조사 전문기관 타임리서치가 수행했다. 2017년 10월 25일 전국 19세 이상 성인남녀 1,006명을 대상으로 했으며 표본오차는 95% 신뢰수준에 ±3.1%다.

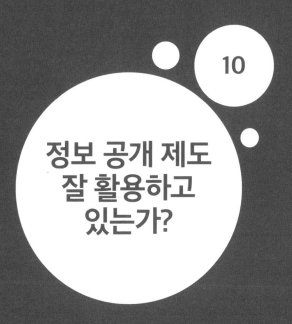

10

정보 공개 제도
잘 활용하고
있는가?

국민의 '알 권리'가 충분하게 보장되는 사회는 주요 권력기관들이 충실하게 정보를 공개한다. 하지만 '알 권리'가 보장되지 않는 곳에서는 시민과 국가가 정보의 공개를 두고 줄다리기를 펼친다. 어디까지 공개할 수 있는가가 그 사회의 '알 권리' 수준을 판가름하는 기준이 된다.

우리나라는 1998년에 세계 13번째, 아시아 국가 중 처음으로 정보 공개법을 시행했다. 그리고 지난 20여 년 동안 막대한 예산을 쏟아 첨단 시스템을 구축했다. 하지만 정작 중요한 정보는 빼놓거나 별 이유 없이 공개하기를 꺼린다. '허울만 좋은 정보 공개'라는 평가가 나오는 이유다. 한국인은 정보 공개에 대해 얼마나 알고 있을까, 그리고 잘 활용하고 있을까?

정보 공개 제도를 알고 계십니까?

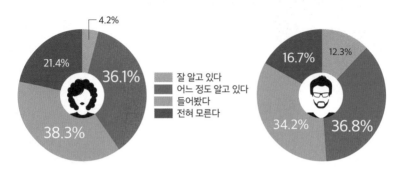

4.2%
21.4%
36.1%
38.3%

잘 알고 있다
어느 정도 알고 있다
들어봤다
전혀 모른다

12.3%
16.7%
36.8%
34.2%

정보 공개를 청구한 경험이 있습니까?

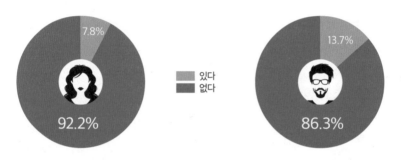

7.8%
92.2%

있다
없다

13.7%
86.3%

아직 잘 알려지지 않은 정보 공개 제도

조사 결과 정보 공개 제도는 국민에게 낯설다. 정보 공개 제도에 대해 잘 안다고 응답한 사람은 10명 중 1명이 채 되지 않았다. 어느 정도 알고 있다는 사람이 36.4%이지만 전혀 모르거나 이름만 들어봤다는 사람이 절반을 넘었다. 20대와 30대 중에 정보 공개 제도를 전혀 모르는 사람이 20%를 넘었다. 정보 공개 제도에 관한 이해는 남녀별로도 차이가 컸다.

더 나아가 직접 정보 공개를 청구한 경험이 있는 사람은 10명 중 1명 정도밖에 되지 않았다. 이 비율 또한 남녀 차이가 있었다.

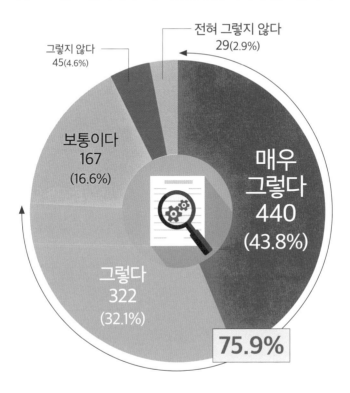

앞으로 정보 공개 청구 제도를 활용할 의사가 있으십니까?

전혀 그렇지 않다
29(2.9%)

그렇지 않다
45(4.6%)

보통이다
167
(16.6%)

매우
그렇다
440
(43.8%)

그렇다
322
(32.1%)

75.9%

잘 모르지만 활용해보고 싶은 정보 공개 제도

정보 공개 제도에 대한 한국인의 이해는 매우 낮다. 이번 조사를 수행한 피플네트워크리서치 서명원 대표는 실제 청구 경험 비율 등을 기준으로 보면 어느 정도 알고 있다는 응답도 실제보다 더 높이 나왔을 가능성이 있다고 지적했다.

그러나 정보 공개 청구 제도를 활용해보고 싶은 의사는 매우 높게 나왔다. 정보 공개 제도를 활용할 의사가 있느냐는 질문에 '매우 그렇다'와 '그렇다'로 응답한 사람을 합치면 75%를 넘었다. 정보 공개 제도를 잘 알고 있거나 청구한 경험이 있는 사람일수록 활용하고자 하는 의사가 더 강했다.

정보 공개 제도 활용을 원하는 분야는 무엇입니까?

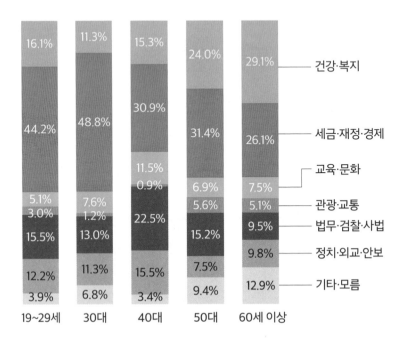

정보 공개 제도를 활용하고 싶은 분야

정보 공개 제도를 활용하고 싶은 분야는 세금·재정·경제, 건강·복지, 법무·검찰·사법, 정치·외교·안보 순이었는데 연령대별로 차이가 컸다. 경제 활동을 시작한 20대와 30대는 '세금·재정·경제'에 관심이 가장 컸고 60대 이상은 '건강·복지 관련 정보'를 선호했다. 40대는 자녀 교육에 대한 관심 때문에 '교육·문화'를 택한 비율이 11.5%로 6% 안팎에 그친 다른 연령대보다 2배가량 높았다.

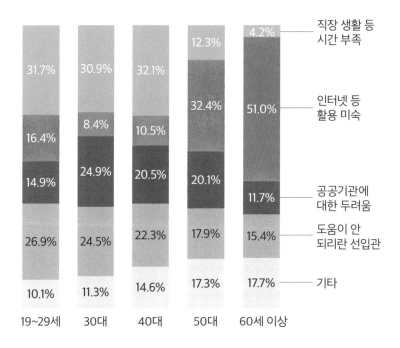

정보 공개 청구 제도를 이용하고자 할 때 가장 큰 어려움은 무엇입니까?

				4.2%	직장 생활 등 시간 부족
31.7%	30.9%	32.1%	12.3%	51.0%	인터넷 등 활용 미숙
16.4%	8.4%	10.5%	32.4%		
14.9%	24.9%	20.5%	20.1%	11.7%	공공기관에 대한 두려움
26.9%	24.5%	22.3%	17.9%	15.4%	도움이 안 되리란 선입관
10.1%	11.3%	14.6%	17.3%	17.7%	기타
19~29세	30대	40대	50대	60세 이상	

정보 공개 제도 이용의 어려움

연령대별로 정보 공개 제도를 활용할 때의 어려움도 차이가 있었다. 50대와 60대 이상의 장년층은 인터넷 활용이 가장 큰 장애물로 나타났다. 직장 생활을 하는 20~40대는 시간 부족이 가장 큰 어려움이라고 응답했다.

공공기관들로부터 정보 공개에 관한 충분한 안내나 설명을 받을 수 있을 것이라 기대하십니까?

매우 그렇다 3.4%

그렇다 8.8%

사법·입법·행정부가 자신의 정보를 국민에게 잘 공개한다고 생각하십니까?

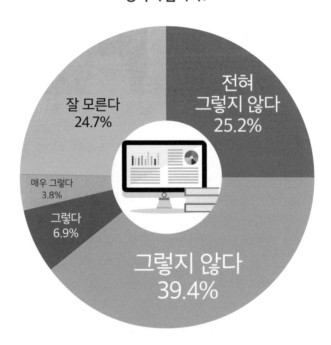

잘 모른다
24.7%

전혀
그렇지 않다
25.2%

매우 그렇다
3.8%

그렇다
6.9%

그렇지 않다
39.4%

정보 공개 제도의 순기능

한국인 정보 공개 청구 제도가 국민의 알 권리를 충족시키고 공공기관의 업무 투명성을 높이는 데 긍정적인 역할을 할 것이라 판단하지만, 현재의 정보 공개 수준에 대해서는 불신과 불만을 가지고 있는 것으로 나타났다.

정보 공개 청구 제도에 대한 인식

알 권리 증진에 도움이 됐다
64.6%

실생활에 도움이 된다
57.4%

정보 공개에 적극적인 공공기관일수록 내부 비리나 예산 낭비가 덜할 것이다
61.9%

국민에게 거짓 정보를 제공하거나 고의로 정보를 은폐하는 담당자를 처벌하는 법률에 공감한다
73.6%

우리나라는 오래전부터 위정자들이 정보를 틀어쥔 채 권력화하는 일이 많았다. 그래서 국민은 경험적으로 불신하고 있는 모습을 보인다. 공무원 조직 특유의 비밀주의나 보신주의를 타파하기 위해서라도 정보를 적극 공개하는 게 바람직하다. 국민은 자세히 모르더라도 정보 공개 제도가 지닌 긍정적 측면을 이해하고 있다. 정부가 더 제도를 홍보하고 공개 범위를 넓히는 등 내실화에 힘을 쏟아야 할 것이다.

'정보 공개 청구 제도에 관한 국민 여론조사'는 <세계일보>와 공공의창이 기획하고 여론조사기관 피플네트웍스리서치가 조사를 수행했다. 2019년 3월 11일, 전국 성인남녀 1,003명을 대상으로 무선전화 ARS 방식으로 진행했다. 응답율은 3.8%, 표본오차는 95% 신뢰수준에 최대 허용오차는 ±3.1%p다. 대상자 표집은 2019년 행정안전부가 발표한 주민등록 인구를 기준 삼아 성·연령·지역별로 비례 할당했다.

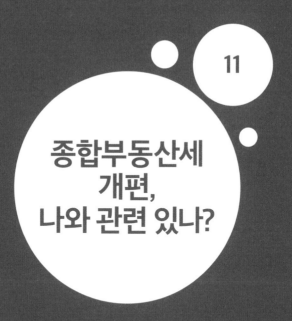

종합부동산세
개편,
나와 관련 있나?

2018년 7월 6일 정부는 종합부동산세 개편안을 발표했다. 시가 23억 원 (공시가 16억 원, 과세표준 6억 원)에서 33억 원(과세표준 12억 원)짜리 고급 주택의 종합부동산세율을 1주택 기준 0.75%에서 0.85%로 0.1%p 인상했다. 특히 시가 합계액이 19억 원(과세표준 6억 원)을 초과하는 집을 3채 이상 보유한 자산가는 0.3%p의 종합부동산세를 추가로 내게 되었다.

"부동산 자산이 많을수록 더 많은 세금을 내도록 낮은 구간보다 높은 구간의 세율을 누진적으로 인상했다. 부동산 자산과 관련해 과세 형평성을 지속적으로 제고하겠다"는 것이 정부의 취지다.

정부의 종합부동산세 개편을 국민은 어떻게 생각하고 있을까? 개편안에 포함되지 않았지만, 쟁점이 돼온 부동산 공시가격 현실화에 대한 의견은 어떨까?

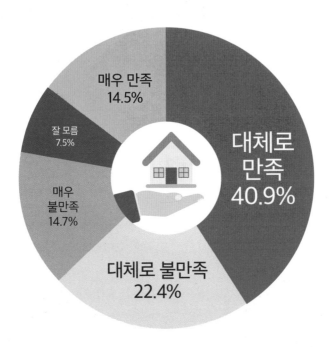

이번 종합부동산세 개편안을 어떻게 평가하는가?

매우 만족
14.5%

잘 모름
7.5%

매우
불만족
14.7%

대체로
만족
40.9%

대체로 불만족
22.4%

종합부동산세 개편안에 대한 평가

정부의 종합부동산세 개편안에 대해 절반가량의 국민이 긍정적인 평가를 했으며
40% 못 미치는 사람이 부정적으로 받아들였다.

부동산을 많이 보유한 사람이 더 많은 세금을 내도록 종합부동산세를 개편해야 하는가?

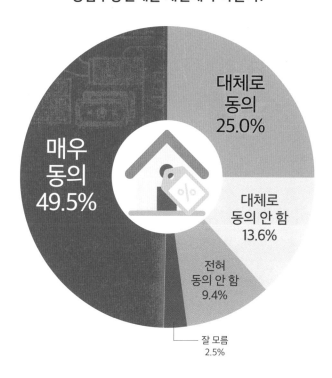

- 대체로 동의 25.0%
- 대체로 동의 안 함 13.6%
- 전혀 동의 안 함 9.4%
- 잘 모름 2.5%
- 매우 동의 49.5%

종합부동산세의 누진적 개편에 대한 의견

부동산 자산을 많이 보유한 사람일수록 더 많은 세금을 내도록 종합부동산세를 개편해야 한다는 원칙에 대해서는 74.5%가 동의하고 있다. 흥미로운 점은 자신을 '보수'라고 한 응답자 중 54.6%, 소유 부동산이 12억 원을 넘는 응답자 중 50.2%가 이 원칙에 동의한다고 답한 것이다.

공정 시장 가액 비율의 조정

종합부동산세는 공시가격에 공정 시장 가액 비율과 세율을 곱해 구한다. 공정 시장 가액 비율이 높을수록 종합부동산세도 많아진다. 이 공정 시장 가액 비율을 현행 80% 수준에서 2년간 연 5%p씩 올려 90%까지 올리는 방안과 공정 시장 가액 비율을 아예 없애는 데 대해 찬성 의견이 높은 것으로 나타났다.

공정 시장 가액 비율을 2년간 5%p씩 올려 90%까지 인상하는 데 공감하는가?

공감한다   58.4%

공정 시장 가액을 아예 없애는 데 공감하는가?

공감한다   57.0%

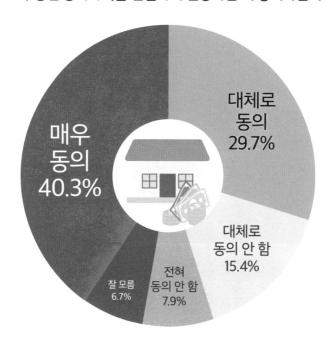

부동산 공시가격을 현실화해 인상하는 데 동의하는가?

대체로
동의
29.7%

매우
동의
40.3%

대체로
동의 안 함
15.4%

잘 모름
6.7%

전혀
동의 안 함
7.9%

공시지가 현실화

2018년 7월, 정부의 종합부동산세 개편안에는 부동산 과세표준에 공시가격의 인상이 포함되지는 않았다. 하지만 이 문제는 고질적 쟁점이었다. 부동산 공시가격은 보유세인 재산세, 종합부동산세의 과세표준으로 지역별·가격대별 시세 대비 공시가격의 차이가 커서 개선이 필요하다는 지적이 꾸준히 제기됐다. 국토부에 따르면 서울 강남 고가 아파트는 시세 대비 공시가격의 현실화율이 60%대인데 서울 강북은 70% 수준이다. 강북 아파트 보유자가 상대적으로 세금 부담을 더 지는 구조다. 공시지가 현실화에 대해 응답자의 70%가 동의했다.

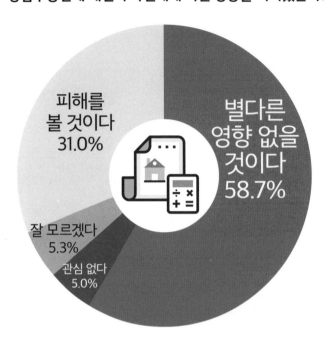

종합부동산세 개편이 자신에게 어떤 영향을 끼치겠는가?

피해를
볼 것이다
31.0%

별다른
영향 없을
것이다
58.7%

잘 모르겠다
5.3%

관심 없다
5.0%

종합부동산세 개편이 자신에게 끼칠 영향은?

종합부동산세 개편으로 자신도 피해를 볼 것으로 생각하는 사람은 10명 중 3명에 달했다. 이 비율은 오해에서 비롯된 것으로 보인다. 실제 종합부동산세 과세 대상은 전 가구의 1.5%이기 때문이다. 정부의 취지와 명분에 동의하지만, 자신이 피해를 볼 수 있다는 막연한 불안감을 지닌 사람이 뜻밖에 많은 것으로 파악된다.

소득 구간별로 볼 때 월 소득 500만 원 이상인 응답자 중 36.8%가 종합부동산세 개편안으로 '자신이 피해를 입을 수 있다'고 답하면서도 종합부동산세 강화에는 78.7%가 동의했다. 이는 월 소득 300만 원 이하인 사람들이 종합부동산세 강화에 동의한 비율 70.7%보다 높다.

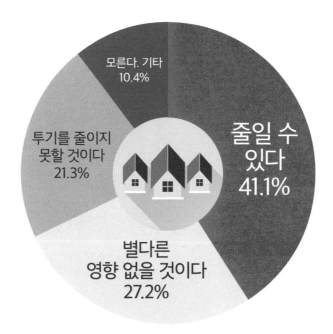

종합부동산세 개편으로 부동산 투기를 줄일 수 있다고 보는가?

모른다. 기타
10.4%

투기를 줄이지
못할 것이다
21.3%

줄일 수
있다
41.1%

별다른
영향 없을 것이다
27.2%

종합부동산세 후속 방안과 효과

종합부동산세 인상이 부동산 투기를 줄이는 데 직접적인 영향력을 발휘할 것으로 예상하는 사람은 드물었다. 종합부동산세 인상분으로 신혼부부에 대해 주택 취득세를 감면하고, 임대 등록하는 주택에 대해서도 취득세를 계속 감면받을 수 있도록 하는 것에 대해 응답자 75.5%가 동의한다고 밝혔다

'종합부동산세 개편 관련 여론조사'는 <경향신문>, 선대인경제연구소, 공공의창이 기획하고 여론조사기관 리서치DNA가 조사를 수행했다. 2018년 7월 11~12일, 전국 성인남녀 1,502명을 대상으로 무선전화 ARS 방식으로 진행했다. 오차범위는 95% 신뢰수준에 ±2.5%p다.

기본소득제,
한국의 미래 화두

2017년 대통령 선거는 탄핵으로 갑자기 치러졌다. 이때 최대 이슈로 떠오른 쟁점이 기본소득이었다. 대선 주자들이 활동을 시작하던 2016년 12월만 하더라도 진보와 보수를 막론하고 유력 대선 주자 8명 중 7명이 한국 사회에 기본소득제를 단계적으로 도입할 필요가 있다고 답했다.

기본소득은 '심사 기준이나 노동에 대한 요구 없이 모든 이에게 개별적으로, 무조건 지급되는 소득'이다. 하지만 현재 기본소득은 더 폭넓게 정의된다. 국회입법조사처의 <이슈와 논점>에 따르면 기본소득의 모델은 3가지로 분류된다. 첫째 거의 모든 사회보장 급여를 대체할 수 있는 수준의 완전 기본소득, 둘째 사회보험에 기반한 보장 급여를 제외한 대부분의 급여를 대체하는 부분 기본소득, 셋째 일정 소득 이하 가구에 대해 기존 조세 체계를 활용해 기본소득을 지급하는 부의 소득세 등이다. 이 중 대선 주자들이 내놓은 기본소득 모델은 둘째와 셋째다. 완전한 기본소득이 아닌 부분적인 기본소득부터 도입할 것을 주장하고 있었다. 대선 주자들이 기본소득을 수용한 것은 이에 대한 국민 인식을 반영한 것으로 보인다. 한국인들은 기본소득에 대해 어떻게 생각하고 있을까?

62.2%
알고 있다
(잘 알고 있다
20.5%
+ 들어보기는 했다
41.7%)

37.8%
모른다

기본소득에 대해 알고 있습니까?

한국인 10명 중 6명 이상은 기본소득에 대해 잘 알고 있거나 들어보기는 한 상황이다.

4.1% 잘 모름

20.6% 공감

75.3% 비공감

공공의창 조사(2016년 12월 22~23일)

8.5% 기타

49.3% 공감
(매우 공감 20.7%
+ 다소 공감 28.6%)

42.2% 비공감
(다소 비공감 24.9%
+ 매우 비공감 17.3%)

기본소득제 도입에 대해 공감

기본소득제 도입을 공감하는 쪽으로 여론이 형성되고 있다. 2016년 7월 현대경제연구원이 조사한 것과 비교하면 이런 경향을 뚜렷이 알 수 있다.

기본소득제를 공약으로 내건
대선 후보 지지 의향

찬성과 반대가 반반으로 갈리는 응답 결과를 보였다.

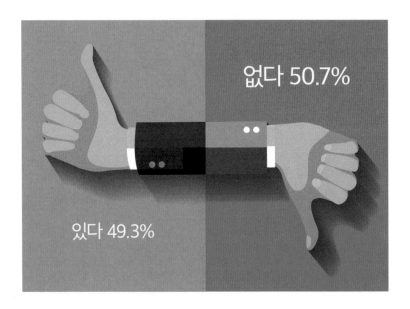

없다 50.7%

있다 49.3%

정치적 이념에 따른 기본소득제 공약 지지 경향

진보적일수록 기본소득제 공약을 내건 후보를 지지하는 경향이 더 높게 나타났
지만, 큰 차이는 발견되지 않았다.

보수	있다 46.4%	없다 53.6%
중도	있다 51.6%	없다 48.4%
진보	있다 51.2%	없다 48.8%

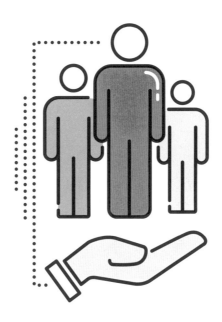

경제적 생활 수준에 따른
기본소득제 공약 지지 경향

재산과 소득이 낮을수록 기본소득제에 찬성하는 경향이 더 높았다. 자신의 생활 수준이 낮다고 답한 사람 중 절반 이상이 기본소득제를 지지했다. 하지만 경제 수준에 따라 찬반이 크게 갈리지는 않았다.

기본소득제에 대한 정보와 지식이 사회적으로 폭넓게 보급되고 정당과 정치인의 구체적인 정책 제안이 나오고 있다. 또한 유럽 등에서의 도입 사례가 알려지고 있다. 국내 경제 상황 등과 맞물려 기본소득제는 더 뜨거운 사회 쟁점으로 떠오를 전망이다.

'기본소득에 관한 여론조사'는 <한겨레21>과 공공의창이 기획하고 여론조사기관 리서치뷰가 조사를 수행했다. 2016년 12월 22~23일, 전국 성인남녀 1,042명을 대상으로 ARS-RDD 방식으로 진행했다. 오차범위는 95% 신뢰수준에 ±3.0%p다.

적폐가 쓰인 기사 건수 추이
네이버 콘텐츠 제휴사 기사
761만 8,872건 중

2,726	3,115	6,062	7,007	6,777	6,593	4,463	4,701	2,212	2,883	2,773	2,865	2,803	2,604	2,035	1,864

계: 6만 1,483건

6월　7월　8월　9월　10월　11월　12월　1월　2월　3월　4월　5월　6월　7월　8월　9월
2017년　　　　　　　　　　　　　　2018년

13

적폐란 무엇이며, 어떻게 청산해야 할까?

뉴스 빅데이터를 분석한 결과, 적폐에 대한 사회적 관심이 점점 사그라들고 있음을 발견할 수 있다. 포털 사이트 네이버와 콘텐츠 제휴 관계에 있는 68개 언론사·기관의 전체 기사 761만여 건을 분석한 결과 2017년 6월~2018년 9월 1년 4개월 동안 본문에 '적폐' 단어가 포함된 기사 총량은 6만 1,483건이었다. 이 중에서 2017년 9~11월의 '적폐' 포함 기사 건수는 2만 377건으로 전체의 3분의 1이 이 기간에 몰려 있었다. 반면 2018년 7~9월 사이 '적폐' 기사 건수 합계는 6,503건에 불과했다.

박근혜·이명박 전 대통령의 사법 처리, 검찰·국가정보원·국군기무사령부 등 권력기관의 비리 단죄 및 인적 청산으로 적폐 청산이 한고비를 넘은 데다, 2018년 초부터 한반도 평화 무드가 급물살을 타면서 '적폐 청산→한반도 평화' 등으로 주요 이슈가 교체된 결과로 분석된다.

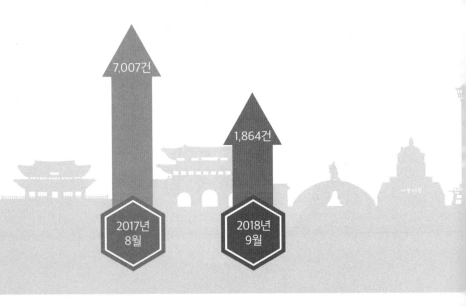

적폐를 다룬 언론 기사

7,007건

1,864건

2017년
8월

2018년
9월

적폐에 대한 사회적 관심 약화

2018년 한국 언론이 평창올림픽과 정상회담 등의 이슈에 집중하면서 '적폐'는 뉴스 중심에서 밀려났다. 2017년 6월부터 1년 4개월 동안 언론 기사를 전수 분석한 결과, 2018년 9월 기사 본문에 '적폐'라는 단어가 등장한 건수는 1,864건으로, 2017년 9월 7,007건의 26.6%에 그쳤다.

문재인 정부 출범 한 달 뒤인 2017년 6월부터 9월까지는 정권 교체 직후 '적폐 청산'에 대한 사회적 관심을 반영하듯 '적폐'가 언급된 기사가 증가 추세를 보였다. 2017년 9월 최고점을 찍은 이후 10~11월 6,000건대, 2017년 12월~2018년 1월에는 4,000건대를 유지했다. 그러다가 2018년 2~8월 2,000건대에서 머물렀다.

언론이 '적폐'와 '적폐 청산'에 주목하는 강도가 그만큼 낮아진 것으로, 사회적 의제로서 적폐 청산에 대한 관심도 축소된 것으로 분석된다.

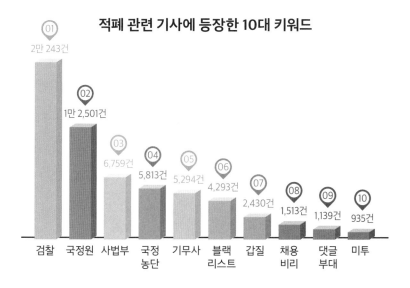

적폐 관련 기사에 등장한 10대 키워드

① 2만 243건 검찰
② 1만 2,501건 국정원
③ 6,759건 사법부
④ 5,813건 국정농단
⑤ 5,294건 기무사
⑥ 4,293건 블랙리스트
⑦ 2,430건 갑질
⑧ 1,513건 채용비리
⑨ 1,139건 댓글부대
⑩ 935건 미투

적폐 연관 키워드 분석

'적폐' 단어가 등장하는 기사에서 가장 많이 언급된 연관어는 '검찰'로, 적폐 청산 도구이자 적폐 청산 대상이라는 검찰의 '이율배반적 지위'를 드러냈다. 적폐로 지목된 개인들의 단죄를 위한 검찰의 도구적 역할은 부각된 반면, 검찰 개혁은 더딘 걸음이어서 고위공직자 범죄수사처 설치 등 제도적 개혁에 초점을 맞춰야 한다는 지적이 나온다. '적폐' 등장 기사에서 연관어로 '검찰'이 등장한 기사 건수는 2017년 8~11월에는 매월 2,000~3,000건대에 이를 정도로 집중됐다. 이 기간에는 박근혜 전 대통령과 관련한 특수활동비 수사, 청와대 문건, 이명박 전 대통령 수사 등이 주요 이슈였다. 국정원 개혁위원회의 자체 진상 조사가 이 기간에 집중되면서 '국정원'도 자주 등장하는 어휘였다.

'적폐' 연관 키워드의 발생 빈도를 보면, '검찰', '국정원' 등 '권력형 적폐'에 대한 관심이 '갑질', '채용 비리' 등 생활형 적폐에 비해 압도적으로 많았다. 다른 '적폐 연관어'로는 2017년 12월과 2018년 1월에 강원랜드 등 공공기관에서 논란이 된 '채용 비리'가 각각 191건, 190건, '미투'는 안희정 전 충남지사 사건이 폭로된 3월에 357건, '갑질'은 조현민 전 대한항공 전무의 물컵 사건이 알려진 4월 349건 등이 집중됐다.

10대 적폐 키워드의 연관 네트워크

검찰이 적폐 관련 키워드의 중심에 있었던 이유는 이명박 정부 시절 '댓글 부대', '블랙리스트' 사건 등을 수사하면서 '국정원'과 '기무사'를 정조준했기 때문이다. 그래서 '검찰'은 이 키워드들과 연관되어 있다. 하지만 개혁 대상 으로서 검찰은 상대적으로 가려졌다. 정부·여당의 검찰 개혁 요구에도 '개 혁', '공수처' 키워드는 '국정원', '이명박' 등에 밀려 4·5순위를 차지했다.

적폐 키워드들의 연관 네트워크를 살펴보면 국정원과 기무사는 주로 수사 대상으로 언급됐다. '국정원'은 '원세훈'과 댓글, '기무사'는 '계엄령'과 '세월호' 와 연결되며 비판받았다. '사법부' 역시 '양승태', '블랙리스트', '사법농단'과 함께 언급되며 부정적으로 다뤄진 경우가 많았다.

'갑질'과 '채용 비리'는 비교적 다양한 키워드와 함께 언급됐다. 갑질은 2017년에는 '공관병 갑질 사건'으로 2018년에는 '대한항공'과 연결되는 경우 가 많았다. '채용 비리'는 '강원랜드'와 함께 언급되는 경우가 가장 많았고, '공공기관', '하나금융' 등의 키워드가 뒤를 이었다.

적폐 관련 키워드 네트워크

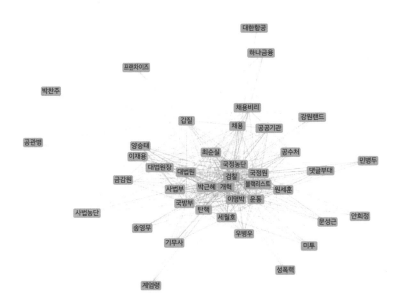

적폐 관련 빅데이터 조사는 2017년 6월 1일부터 2018년 9월 30일까지 포털 사이트 네이버에서 콘텐츠 제휴 언론사·기관의 전체 기사 761만 9,998건을 수집해 실시했다. 이 중 본문에 '적폐'라는 어휘가 언급된 기사 6만 1,483건을 대상으로, 문장 속 의미를 추출하는 빅데이터 분석 방식인 '텍스트마이닝'을 했다. 텍스트마이닝은 노출 빈도, 월별 시계열, 네트워크 분석으로 세분해 진행했다. 전체적인 분석은 지방자치데이터연구소와 소상공인연구소가 주관했으며 신종화 박사의 도움을 받았다. '10대 적폐 연관 어휘'는 기사 본문에 가장 많이 언급된 순으로 상위 10개를 정리했다. 대상을 특정할 수 없는 일반 행위나 맥락상 연관성을 확인할 수 없는 일반 명사는 배제했다. 이어 '10대 어휘' 각각을 대상으로 해당 기사에서 함께 언급된 '2차 연관어'도 5개씩 살펴보았다. 네트워크(연결망) 분석은 '10대 적폐 어휘'와 '2차 연관어' 50개를 포함한 60개의 어휘 중 중복을 제외한 44개를 대상으로 했다.

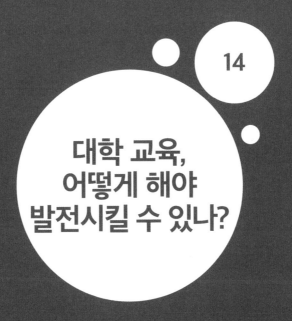

14

대학 교육,
어떻게 해야
발전시킬 수 있나?

우리나라의 대학 진학률은 2009년 77.8%로 정점을 찍었고, 이후 조금씩 감소해 2018년에는 69.7%를 기록했다. 이 수치는 한국의 높은 교육열을 잘 보여준다. 미국 46%, 일본 37%, 독일 28%, OECD 평균 41%를 압도적으로 능가하는 세계 1위다. 하지만 대학 교육에 관한 만족도는 크게 높지 못하다. 학부모와 학생 본인의 교육비 부담도 높다. 한국의 대학 교육이 발전하려면 어떻게 해야 할까?

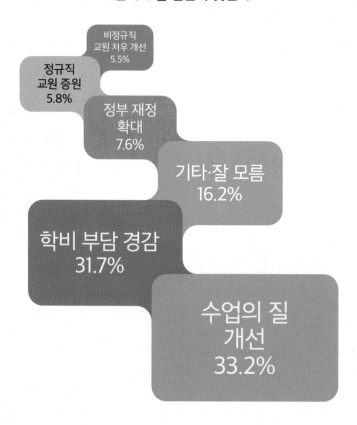

대학 교육의 질 향상을 위해 가장 시급히 개선해야 할 점은 무엇인가?

비정규직 교원 처우 개선 5.5%

정규직 교원 증원 5.8%

정부 재정 확대 7.6%

기타·잘 모름 16.2%

학비 부담 경감 31.7%

수업의 질 개선 33.2%

대학 교육의 시급한 개선점은?

대학 교육의 품질을 높이기 위해 가장 시급히 개선해야 할 것은 무엇인가? 이 질문에 '수업의 질 개선'을 꼽은 사람이 가장 많았다(33.2%). 그다음 과제로는 학비 부담을 줄이는 것을 들었다(31.7%). 수업의 질과 학비 부담을 한국 대학 교육의 문제로 여기고 있음을 발견할 수 있다.

**대학이 4차 산업혁명, 인공지능 확산 등 빠르게 변하는
사회 환경에 적응할 수 있도록 실용 학문 교육을 확대해야 하는가?**

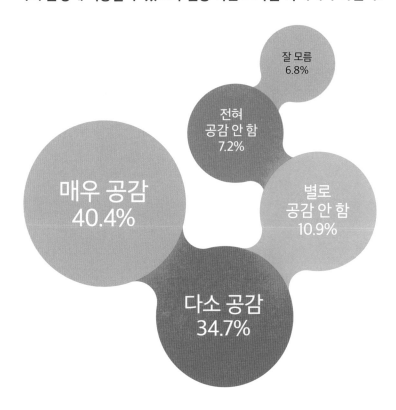

잘 모름
6.8%

전혀
공감 안 함
7.2%

별로
공감 안 함
10.9%

매우 공감
40.4%

다소 공감
34.7%

실용 학문 교육을 강화해야 하는가?

대학 교육이 실용적으로 변화하는 데 대해서는 공감 의견이 높았다. 실용 학문 교
육 확대에 대해서 40.4%가 '매우 공감한다', 34.7%가 '다소 공감한다'고 응답했다.

철학, 역사, 문학 등 교양 교육을 확대해야 하는가?

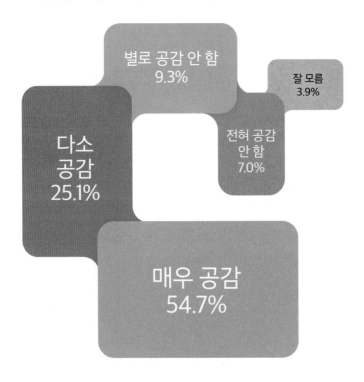

별로 공감 안 함
9.3%

잘 모름
3.9%

전혀 공감
안 함
7.0%

다소
공감
25.1%

매우 공감
54.7%

교양 교육을 더 늘려야 할까?

사회적으로 인문학의 중요성이 강조되면서 대학에서 인문학 교양 교육을 늘려야
한다는 데 대해서는 절반이 넘는 54.7%가 '매우 공감한다', 25.1%가 '다소 공감한
다'고 답했다.

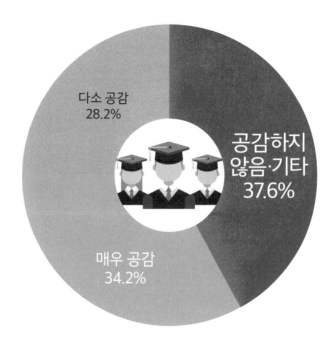

대학은 졸업생들이 처우가 좋고 안정적인 직업에 진출할 수 있는
경쟁력을 키우는 기회를 제공하는 역할을 강화해야 하는가?

다소 공감
28.2%

공감하지
않음·기타
37.6%

매우 공감
34.2%

대학이 학생들의 취업 기회 확대를 위해
노력해야 하는가?

한국인들은 학생들의 취업 확대라는 실용적 목적에 대학이 더 충실해야 한다고
보고 있다. 대학이 취업 교육을 강화해야 한다는 의견에 대해 절반 이상이 공감
했다. 34.2%가 '매우 공감', 28.2%가 '다소 공감'이라고 답했다.

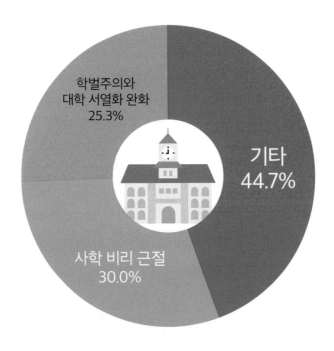

학벌주의와
대학 서열화 완화
25.3%

기타
44.7%

사학 비리 근절
30.0%

대학 교육의 수준을 높이기 위한
장기적 처방은 무엇인가?

대학 교육의 질을 높이기 위해 장기적으로 노력해야 할 일은 무엇이라고 생각하고 있을까? 응답자들은 '사학 비리 근절'(30%)을 가장 중요하게 생각했다. 그다음은 '학벌주의, 대학 서열화 완화'(25.3%)였다.

**공교육비의 정부 부담률을 확대하고 민간 부담을
축소해야 하는가?**

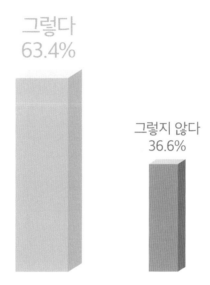

그렇다
63.4%

그렇지 않다
36.6%

정부의 공교육비 부담을 더 늘려야 하는가?

교육열이 높은 한국의 가계에서 교육비는 큰 부담을 차지하고 있다. 많은 젊은이
가 사회에 진출하면 학자금 융자라는 빚을 안고 출발하기도 한다. 한국인들은
정부가 공교육비 부담을 더 늘려야 한다고 보고 있다.

시간강사를 어떻게 처우해야 하는가?

한국에는 대학 교원의 3분의 1가량이 시간강사로 채워져 있다. 그런데 이들의 처우는 매우 열악하다. 2017년 기준으로 보았을 때 1주에 9시간 강의를 하는 시간강사의 월평균 급여는 109만 원에 지나지 않았다. 근무의 안정성도 매우 불안정한 수준이다. 시간강사의 처우 문제는 이들의 노동권이나 생계 차원을 넘어 대학 교육의 질과도 직결된다.

그래서 강사법을 제정하고 2019년 8월 시행을 앞두고 있지만, 대학들이 강사법 시행 전에 시간강사를 대량 해고하는 등의 부작용이 빚어지고 있다. 대학 시간강사에 대한 처우를 어떻게 해야 하나? 여론조사 결과, 한국인들은 시간강사의 수입이 너무 적다고 생각했다. 4인 가족 최저생계비의 절반도 안 되는 금액이니 당연한 일이다.

시간강사의 월평균 급여 109만 원(1주일 9시간 기준)은 적당하다고 보는가?

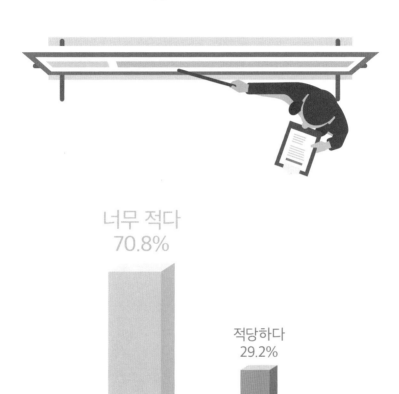

너무 적다
70.8%

적당하다
29.2%

대학 교육 발전을 위해 꼭 필요한
시간강사 처우 개선

2017년 11월 1일, 공공의창 주최로 대학 시간강사 6명이 모여 '비정규 교수의 눈으로 본 대학 교육'을 주제로 좌담회를 열었다. 이들은 "시간강사의 처우는 학생 학습권과 떼놓을 수 없다"고 입을 모았다. 비용 절감을 우선시한 대학들의 조치는 시간강사들에게는 노동 조건 악화로, 학생들에게는 강의의 질 추락으로 이어진다. 대표적인 게 대학마다 정해진 '최소 수강 인원' 기준이다. 대학별로 교양 과목의 경우 대략 10~30명을 폐강 기준선으로 정해놓고 이에 미치지 못하면 강의를 없애고 있다.

임순광 한국비정규교수노조 위원장은 "고등 교육의 공공성을 확보하려면 사립학교 교사 인건비를 정부가 지원하듯이 연구 강의 교수제를 도입하고 정부 책임 연구 과제를 수행하도록 하며 이들의 기본급을 정부가 지원해야 한다"고 대안을 제시했다.

'대학 교육 정책에 대한 국민인식조사'는 <경향신문>과 공공의창, 정책연구소 미래와균형이 공동으로 기획하고 리얼미터가 2017년 11월 7일 전국 성인 1,017명을 대상으로 시행했다. 시간강사 좌담회는 2017년 11월 1일 한국사회여론연구소가 진행했다.

15

청소년 범죄, 처벌을 강화해야 하는가?

청소년이 저지른 강력 범죄가 언론에 보도되면서 청소년 범죄에 대한 처벌을 강화해야 한다는 여론이 높아졌다. 현재 19세 미만 청소년이 범죄를 저지르면 '소년법'을 적용받는다. 약한 사건은 가정법원 등에 있는 소년부 판사가 맡아 수강 명령, 사회봉사 명령, 소년원 송치 같은 보호 처분을 내린다. 사형이나 무기징역에 해당하는 범죄라도 범죄자가 청소년이면 징역 15년이 최고형이다. 만 14세 미만이면 '형사미성년자'여서 아예 형사처벌을 하지 않는다. 다만 10세 이상 14세 미만이면 '촉법소년'으로 묶여 보호 처분을 받을 수 있다.

범죄에 대한 재판과 처벌이 나이에 따라 다른 법의 적용을 받기에 이것을 고쳐야 한다는 주장이 청와대 청원 게시판에 오르고 수많은 동의를 받았다. 그렇다면 청소년 범죄에 대한 처벌을 강화해야 할까? 이에 대해 숙의형 시민 토론을 진행하며 의견의 변화를 살펴보았다.

시민 여론조사

숙의형 시민 토론과는 별개로 시민 1,000명을 대상으로 청소년 범죄 인식에 대한 여론조사를 진행했다. 법률을 개정한다면 처벌을 강화해야 한다는 의견이 57.7%로 가장 높았고, 소년범 연령 기준을 낮춰야 한다는 의견이 76.2%, 형사미성년자 연령 기준을 낮춰야 한다는 의견도 71.4%였다.

법률 개정 시 중요한 기준

처벌 강화	57.3%
피해자 보호 강화	22.4%
보호 처분 현실화	15.4%
기타·잘 모름	4.9%

소년범 연령 기준 하향

필요하다	76.2%
필요 없다	14.7%
기타·잘 모른다	9.1%

형사미성년자 연령 기준 하향

필요하다	71.4%
필요 없다	17.3%
기타·잘 모른다	11.3%

숙의형 시민 토론 진행

2018년 9월 15일 서울의 마포청소년문화의집에서 학생 37명, 성인 23명이 모여서 토론회를 진행했다. 9개 테이블에 나눠 앉아 퍼실리테이터의 도움을 받아 토론을 벌였다. 1차로 테이블별 상호 토론, 2차로 전문가 2명의 현황 설명, 3차로 이를 바탕으로 한 상호 토론을 한 후 최종 입장을 정했다.

토론을 시작하기 전 조사에서는 투표자의 25명이 "소년법을 개정한다면 '처벌 강화'를 우선해야 한다"는 의견을 냈다. '피해자 보호'를 거론한 사람은 20명이었다. '보호 처분 환경 현실화'는 6명이었다. 보호 처분이 유명무실해 재범을 막을 수 없다는 의견이 강했다.

1차 토론 후에는 '피해자 보호'가 28명으로 늘었다. 22표를 얻은 '처벌 강화'보다 6표 앞섰다. 형사미성년자 기준을 13세 미만으로 낮춰야 한다는 데 43명, 소년범 연령을 19세 미만에서 18세 미만으로 낮추는 방안에 52명이 찬성했다.

2차 토론에서 전문가의 현황 설명이 있었다. 전문 변호사와 경찰행정학과 교수가 청소년 범죄 현실에 관해 이야기했다. 소년 재판은 검사나 변호사 없이 판사가 진행하는 점, 기소유예나 집행유예가 없는 점, 소년원 환경이 매우 어려운 점 등을 들어 현재 청소년 범죄 처벌이 결코 가볍지 않음을 설명했다. 청소년 범죄 연령이 낮아지고 잔혹해지고 있다는 사실이 통계적으로 입증되지 않았음을 강조했다.

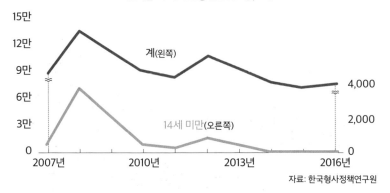

소년 범죄자 현황(단위: 명, %)

계(왼쪽)

14세 미만(오른쪽)

자료: 한국형사정책연구원

소년 범죄자 전과 현황(괄호 안은 미상)

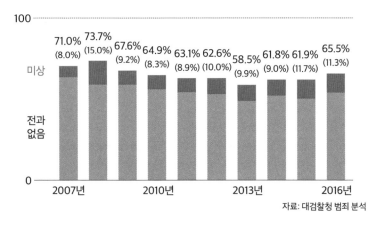

자료: 대검찰청 범죄 분석

전문가들로부터 얻은 정보를 바탕으로 3차 토론이 시작됐다. 3차 토론 직후 조사에서는 '피해자 보호'가 우선이라는 의견이 40명으로 늘어났다. '처벌 강화' 의견은 7명으로 줄었다. 하지만 형사미성년자와 소년범 기준 연령을 낮추는 것에 찬성하는 의견이 각각 35명과 46명으로 여전히 높았다.

참가자 의견을 종합하면 '피해자 보호를 가장 우선하면서 처벌 연령을 낮추는 방안도 고려해볼 만하다'는 것이다. 이는 소년범들을 사회로부터 격리해 가두는 것이 능사는 아니라는 의미로 해석될 수 있다.

청소년 범죄 관련 법률을 개정할 때 가장 중요하게 반영할 점은?

사전 투표
처벌 강화 25명
피해자 보호 20명
기타 15명

1차 토론 후
처벌 강화 22명
피해자 보호 28명
기타 10명

3차 토론 후
처벌 강화 7명
피해자 보호 40명
기타 13명

형사미성년자 기준을 13세 미만으로 낮춰야 하는가?

1차 토론 후 43명

3차 토론 후 35명

소년범 연령을 19세 미만에서 18세 미만으로 낮춰야 하는가?

1차 토론 후 52명

3차 토론 후 46명

심층 인터뷰: 일탈 청소년의 실태와 욕구

어린 시절 소년부 재판을 받았던 이들 3명을 최근 만나 '그들의 눈으로 본 청소년 범죄'에 관해 이야기를 나눴다. 이들은 "성장기 불우한 환경과 빈곤이 우리를 범죄에 빠지게 했다"고 털어놨다.

성인보다 자기 통제력이 약하고 노동의 가치와 대가에 대해 잘 이해하지 못하는 미성년자들에게는 빈곤은 치명적이다. 범죄의 유혹에 노출되기 쉽다. A씨(28)도 처음 비행의 동기는 단순했다.

어릴 적 부모님이 이혼하시고 중학교 /학년 때까지 아빠와 같이 살았는데 맞는 것은 이곳이 낮어요. 아빠를 피해 따로 독립해서 사는 오빠들을 찾아 갔는데 그들의 폭행이 더 심했죠. 통금 시간을 어기거나 말을 안 들으면 쇠 파이프로 때렸어요. 계속 맞다가는 죽겠구나 싶어서 /5살 때 처음 가출했 어요. 돈이 필요한데 어리고 할 줄 아는 것은 없으니 범죄에 빠졌고요.

그/세가 될 때까지 폭행과 절도, 사기, 도박 등으로 소년부 재판을 /4번이나 받았습니다. 보호관찰 같은 처분을 7번 받았고 소년원에도 그번 갔습니다. 빈곤, 폭력, 가출, 범죄의 내리막길을 치달은 '비행 청소년의 삶'이었죠.

A씨(28)

4살 때 부모님이 이혼한 뒤 열등감이 심한 아이로 자랐고요. 그런데 우연히 또래 무리와의 몸싸움에서 이겼어요. '싸움짱'이 된 거죠. 중학교 진학 후 폭력은 이어졌고 저에게 괴롭힘을 당했던 아이들이 한 거번에 신고하면서 소년원에 가게 됐습니다.

B씨(23, 산업체 군복무요원)

형들에게 맞기 싫으니 나도 때릴 수밖에 없었습니다. 그렇게 보호시설에 갔다가 그곳에서 만난 친구들과 나중에 다시 범죄를 저질렀습니다. 절도·폭행·공동갈취 등의 혐의로 소년교도소에 수감됐습니다. 당초 소년부 송치를 받았는데 다른 아이들이 소년원에 그년 있기 싫다면서 재판 도중 난동을 부렸어요. 화가 난 판사가 형사법원으로 보냈고 /년 실형을 선고 받았는데 저로선 억울했죠.

C씨(24)

주변의 관심과 애정이 탈출구

범죄 청소년들은 처벌이 되풀이될수록 사회에 대한 반항심만 커지는 경향이 있다. 이들이 일상적이고 평범한 현재의 삶을 살 수 있게 된 것은 주변의 작은 관심과 칭찬 덕이었다.

물건을 같이 훔쳤어도 멀쩡한 보호자가 있는 아이는 가벼운 처분을 받고 집에 가지만, 가난하고 당장 달려올 부모가 없으면 그냥 소년원에 가게 됩니다.

A씨

소년원에서 검정고시를 통과하고 자격증을 따니 주변에서 칭찬을 많이 했습니다. 더 나쁜 짓을 할 수가 없었죠. 소년원에서 만난 선교사님이 제가 흔들릴 때마다 마음을 다잡아주고 진로 상담을 해줬습니다. 그분을 존경하고 동경해서 헤어스타일까지 똑같이 하고 다닌 적도 있습니다. 모범성을 인정받아 8개월 일찍 소년원을 나왔습니다. 지금은 학점은행제를 통해 대학 공부를 하면서 진로를 모색하고 있습니다.

B씨

소년원에서 9개월 일찍 나와 보호관찰을 받던 중 드라마처럼 인생의 멘토를 만났습니다. 수도권에서 혼자 지내다가 친구들이 보고 싶어 지방에 내려갔는데 관할 보호관찰소에서 '지역 이동은 임시 퇴원 위반'이라며 구속 영장을 신청했어요. 내려가기 전 보호관찰소를 옮겨달라고 요청했는데도 안들어주고 영장을 때리니 진짜 억울했어요. 그때 법무계장 한 분이 제 인생을 바꿨습니다. 그분이 주위에 절 살려달라고 부탁하며 우시는데, 정말 충격이었어요. 절 위해 울어준 사람은 그분이 처음이었거든요.
저는 그 뒤로 완전히 변했습니다. 대학에 진학해 우수한 성적을 받았고, 과대표도 하며 리더십을 발휘했습니다. 사회복지학을 공부했는데, 소년원 출원생 등의 자립을 지원하는 교육훈련센터에서 일하며 강연도 하고, 저와 같은 처지의 아이들을 돕고 있습니다.

A씨

청소년 범죄 처벌이 해결책인가?

요즘 청소년 흉악 범죄가 늘어난 것같이 보입니다. 하지만 인터넷 때문에 이슈가 많이 돼서 그렇게 보일 뿐이지 그런 일들은 과거에도 많았습니다.

B씨

저는 생각이 다릅니다. 몇 년 전보다 정도가 더 심해진 것 같기도 합니다. 흉악범은 처벌을 세게 할 필요는 있습니다.

C씨

소년법에 청소년을 건전하게 육성한다는 목표가 있어요. 하지만 실제로 교화보다는 처벌 중심으로 가고 있습니다. 이것은 장기적으로 성인 범죄자를 만드는 것일 뿐입니다. 어른들은 아이들이 이상해져서 처벌을 강화해야 한다고 하지만 현실은 다릅니다. 부모조차 소년원에 갔다 온 자기 자식을 부끄럽게 여기고 안 보려고 해요. 아이들이 반성하고 집에 돌아가도 주변 환경은 그대로인데 어떻게 변하겠습니까? 그렇게 다시 비행에 빠지는 거예요. 청소년들이 과거보다 몸집은 커졌지만, 마음이 아픈 경우는 더 많아졌어요.

A씨

저는 우연한 기회에 한국소년보호협회를 통해 아프리카 봉사를 다녀온 후 세상을 바라보는 시각이 바뀌었습니다. 나도 누군가를 도와줄 수 있다는 데서 삶에 대한 책임감을 느꼈어요. 청소년을 쓰레기로 보면 썩고, 꽃으로 보면 새롭게 핀다고 말해요. 교화 프로그램에도 현재는 직업 교육만 있는데 그보다는 세상을 넓게 보여주는 게 더 도움이 돼요. 놀이공원만 다녀와도 바뀌어요. 그 아이들은 자라면서 안 해본 것들이 참 많거든요. 결국 사랑에 대한 관심과 투자를 늘렸으면 좋겠습니다.

B씨

처벌 강화 흐름에 대한 재점검 필요

청소년 강력 사건이 일어나자 정부는 처벌 강화와 형사미성년자 연령을 낮춰야 한다는 요구를 받아들여 형사미성년자 연령을 현행 만 14세에서 13세로 낮추기로 했다. 그런데 형사처벌을 강화하면 과연 청소년 범죄가 줄어들까?

정부가 형사미성년자 연령을 만 14세 미만에서 13세로 낮추는 근거로 내세우는 것은 2018년 상반기 청소년 범죄 통계다. 이에 따르면 형사미성년자 중 10~13세가 저지른 범죄는 전년 동기 대비 7.9% 늘었고, 13세 범죄만 놓고 보면 14.7% 증가했다.

그러나 전문가들은 한 해의 통계만 놓고 소년 범죄 연령이 낮아지고 있다고 보는 것은 섣부르다고 지적한다. 전체 소년 범죄자 중 14세 미만 범죄가 차지하는 비율은 2008년 2.8%에서 2010년 0.4%, 2012년 0.8%, 2014년 0.04%, 2016년 0.1% 등 계속 줄고 있다. 경찰 통계에서도 촉법소년(만 10세 이상~14세 미만으로 범법 행위를 한 형사미성년자) 수는 2012년 1만 2,799명을 기점으로 해마다 줄어 2016년에는 6,788명에 머물렀다.

해외 사례를 봐도 형사처벌을 늘리거나 강화해서 소년 범죄를 줄일 수 있다는 증거는 없다. 미국은 미성년자라도 특정 강력 범죄를 저질렀거나 재범의 위험이 크면 소년법원이 아닌 형사법원으로 보내 성인과 똑같이 처벌하는 '형사이송제도'를 1979년에 도입했다. 그러나 소년법원에서 교육·보호처분을 받은 소년범들과 비교했을 때 형사처벌을 받은 청소년의 재범 범죄 수가 더 많은 것으로 드러났다. 결국 미국은 2004년부터 형사이송 연령을 다시 높였다.

일본은 1997년 고베에서 14세 중학생이 초등생을 살해한 '사카키바라 사건' 이후 2000년 소년의 형사처분 가능 연령을 16세에서 14세로 낮췄다. 또 2003년 남아 유괴 살인 사건 등을 계기로 2007년 소년원 송치 대상 연령을 14세에서 12세로 낮추고, 2014년에는 소년에 대한 유기형의 상한을 15년에서 20년으로 늘렸다. 강경래 대구가톨릭학교 교수는 〈소년법 개정 논의의 정당성 검토〉라는 논문을 통해 "일본은 2000년 이후 '엄벌화' 개정에도 불구하고 양적·질적인 측면에서 소년 범죄를 줄이는 아무런 효과를 얻지 못했다"고 밝혔다.

2007~2016년 소년 범죄자 비율은 전체 청소년 인구 대비 1.5%에서 크게 달라지지 않고 있고, 소년 범죄자 중 초범이 아닌 재범자의 비중도 2013년 이후 계속 줄고 있습니다.

한영선 경기대학교 교수(전 서울소년원장)

언론에 노출되는 사건들은 충격적이지만, 소년 범죄가 다른 범죄보다 특별히 흉포해지고 있는 것은 아닙니다. 그리고 형사미성년자 연령을 낮추는 것은 아동 인권에 관한 국제 인권 기준에도 맞지 않습니다.

현지현 변호사

법 집행의 효율성과 피해자 보호가 관건

세간의 우려처럼 청소년 범죄가 늘거나 흉포해지고 있다는 통계적인 근거는 없으며, 청소년 범죄를 예방하려면 현행 소년법을 보완하고 집행의 실효성을 높이는 게 더 효과적이라고 전문가들은 말한다. 가령 소년범이 재범하는 경우 10건 중 7건 이상이 1년 이내 발생하기 때문에 초기 보호관찰이 중요하다. 정부는 보호관찰관 수를 늘려, 현재 보호관찰관 1명이 118명을 담당하고 있는 것을 41명으로 줄이기로 했다. 소년원 과밀 수용도 개선할 필요가 있다.

소년부 보호처분은 엄밀히 말해 전과 기록이 아니지만, 평생 따라다니는 족쇄가 될 수도 있다. 과거 폭행으로 소년원에 다녀온 김 모 씨는 여러 차례 직업군인 관련 시험에 응시해 필기시험과 신체검사를 통과했지만, 번번이 신원조회에서 탈락했다. 그는 "소년부 송치를 사실상 전과로 보기 때문"이라며 "아무리 노력해도 벗어날 수 없는 신분제처럼 느껴졌다"고 말했다.

최근 청소년 범죄를 강력하게 처벌하자는 여론이 늘어난 것에는 소년법이 소년범들에게 사회에 통합될 기회를 주는 데 초점이 맞춰져 있다 보니 상대적으로 박탈감을 느낀 피해자들이 분노하고 있기 때문입니다. 따라서 소년법과는 별개로 '피해자특별법'을 만들어 소년 범죄로 피해를 입은 청소년들을 적극 보호해야 합니다.

한영선 경기대학교 교수(전 서울소년원장)

'청소년 범죄'에 관한 숙의형 토론은 <경향신문>과 '공공의창'이 함께 기획했으며 수행은 여론조사기관 코리아스픽스가 맡았다. 토론회는 2018년 9월 15일 서울 마포청소년문화의집에서 학생 37명, 성인 23명이 참여해 진행했고 퍼실리테이터가 토론을 보조했다. 이와 별개로 코리아스픽스가 9월 14일과 15일에 전국 성인남녀 1,000명을 대상으로 여론조사를 진행했다. 심층 인터뷰는 2018년 8월 15일, 서울 사당동의 한 카페에서 어린 시절 소년부 재판을 받고 보호관찰 등의 처분을 받아본 적 있는 이들 3명을 만나 진행했다. 한국사회여론연구소 이은영 소장이 진행하고 한영선 경기대학교 경찰행정학과 교수의 자문을 받았다.

16

성매매 청소년, 처벌과 보호 사이

청소년을 대상으로 한 성매매가 익명 채팅 앱을 매개로 공공연하게 이뤄지고 있는 것은 우리 사회의 비참한 현주소이다. 용돈이나 먹을 것, 잠잘 곳이 필요해서 성매매의 수렁에 발을 디딘 청소년들은 성매수자나 알선자의 강요와 협박, 폭력에 시달리며 고통을 겪는다. 적발되었을 때는 범법자로서 사실상의 처벌을 받게 된다. 이런 시스템에서 청소년 성매매 문제는 해결의 가닥을 찾지 못하고 있다. 청소년 성매매 문제를 어떻게 해결해야 할지 그 대안을 모색하고자 했다.

성매매 청소년, 범죄자인가? 피해자인가?

현재 우리나라의 아동·청소년의 성 보호에 관한 법률은 청소년을 성착취 피해자가 아니라 성매매 당사자로 간주하고 있다. 성매매 청소년은 '대상 아동·청소년'이라는 용어로 규정된다. 이것은 특정 행위의 대상이 된 아동·청소년이란 뜻으로, 수사기관에서 피의자처럼 조사를 받으며 보호 처분의 대상이 된다. 보호 처분에는 감호 위탁, 사회봉사 명령, 보호 관찰, 소년원 송치 등이 있는데, 수사 경력 자료에 남아 '상습성'의 증거 자료로 활용된다.

이와 반대로 성매매 청소년을 '피해 아동·청소년'으로 볼 수 있다. 이때는 아동·청소년이 범죄 행위 등에 연루되어도 일반 범죄자로 간주하지 않고 해당 행위의 피해자로서 법률적 지위를 갖는다. 보호 처분이 아니라 국가로부터 상담이나 치료, 보호 등의 지원을 받을 수 있다.

영국에서는 2000년대 초 각종 법안에 등장하는 '아동(청소년) 성매매(child prostitution)'라는 용어를 '아동 성착취(child sexual exploitation)'로 바꿨다. 청소년 성매매는 아이들의 자주적 판단이 아닌 강요나 학대로 일어난다는 관점을 반영

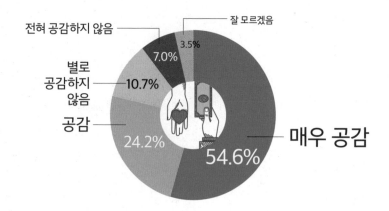

**'청소년 성매매'를 '청소년 성착취'로 바꿔야 한다는
주장에 공감하는가?**

전혀 공감하지 않음 — 7.0%
잘 모르겠음 — 3.5%
별로 공감하지 않음 — 10.7%
공감 — 24.2%
매우 공감 — 54.6%

한 것이다. 2009년에는 관련 법률인 '성매매에 연루된 아동의 보호에 대한 지침'도 '성적으로 착취된 피해 아동 및 청소년의 보호에 대한 지침'으로 개정했다. 하지만 우리나라에서는 '대상 아동·청소년' 조항을 삭제하는 개정 입법이 번번이 좌절된 상황이다. 이에 대한 인식이 어떠한지를 물어보았다.

성매매한 청소년을 법률상 피해자로 다루는 것이 옳은가?

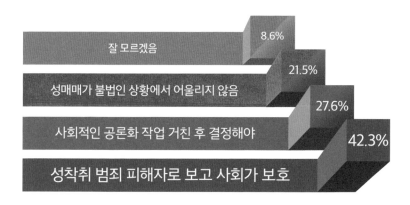

잘 모르겠음 — 8.6%

성매매가 불법인 상황에서 어울리지 않음 — 21.5%

사회적인 공론화 작업 거친 후 결정해야 — 27.6%

성착취 범죄 피해자로 보고 사회가 보호 — 42.3%

청소년들이 성매매를 하는 이유는 무엇이라고 생각하는가?

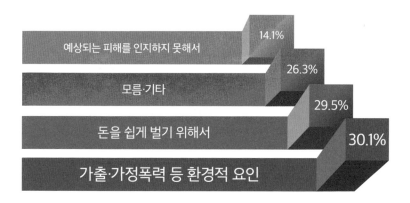

예상되는 피해를 인지하지 못해서 — 14.1%

모름·기타 — 26.3%

돈을 쉽게 벌기 위해서 — 29.5%

가출·가정폭력 등 환경적 요인 — 30.1%

청소년 성착취의 온상인 채팅 앱을 규제해야 하는가?

2016년 국가인권위원회 자료에 따르면, 청소년 성매매에 가장 많이 이용된 경로는 채팅앱이었다. 그 비중이 67%로 가장 높았다. 같은 해 여성가족부가 발표한 자료를 봐도 청소년들의 조건 만남 경로는 채팅 앱과 랜덤 채팅 앱이 각각 37.4%, 23.4%로 절반 이상이었다. 성매매 강요·알선 범죄의 70~80%가 채팅 앱·메신저 등에서 벌어진다. 그런데 성매매 조장·방조 앱 317개 중 278개(87.7%)는 본인 인증 없이도 이용할 수 있다.

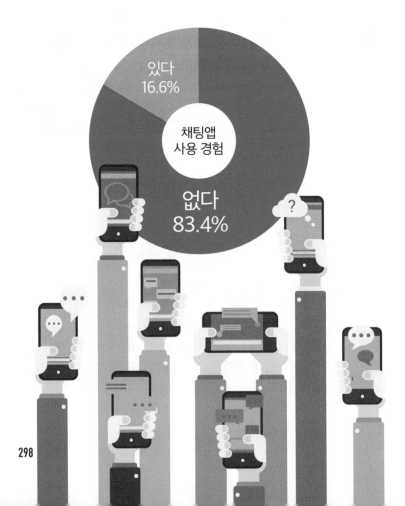

있다
16.6%

채팅앱
사용 경험

없다
83.4%

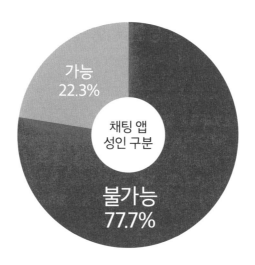

가능
22.3%

채팅 앱
성인 구분

불가능
77.7%

'흔적'이 남지 않는 채팅 앱이 청소년 성매매가 벌어지는 핵심 고리가 되고 있음에
도 정부는 'IT 산업 위축' 등을 이유로 규제를 망설이고 있다. 2016년 255개 시민
단체가 채팅 앱 운영자 4명을 검찰에 고소했지만 불기소 처분으로 끝났다. 정부
규제가 없는 상황에서 사실상의 '면죄부'까지 쥐어진 셈이다. 하지만 대다수 국민
은 청소년 성매매 문제 해결을 위해 채팅 앱 제재가 필요하다고 봤다.

채팅 앱에 대한 규제를 강화해야 하는가?

매우 공감	75.7%
공감	14.1%
별로 공감 안 해	5.5%
전혀 공감 안 해	2.7%
잘 모름	2.0%

청소년 성착취 근절을 위해 정부가 해야 할 일은?

국민 대다수는 청소년 성매매에 대한 단속 강화를 주문하고 있다. 그리고 현 상황에서 정부가 가장 중점을 둬야 할 규제로 '채팅 앱 운영자 처벌'(45.3%)을 꼽았다. 다음으로 '성 구매자 처벌'(32%), '성매매한 청소년 처벌'(15.6%)을 들었다. 성매수자 처벌보다는 성매매 통로 차단이 우선이라고 판단하고 있다.

엄중한 처벌 같은 사후 처방보다는 성매매 통로 차단 등 예방에 초점을 맞추는 의견이 높은 것으로 파악됐다. 청소년 성매매 해결을 위한 지원 방안과 관련해서는 '청소년 대상 성범죄 예방 제도 강화', '가출 등 위기 청소년 지원 강화'의 응답률이 높았던 반면 '성매매 피해 청소년 지원 강화'라는 응답은 소수였다.

청소년 대상의 성매매에 대한 단속을 강화해야 하는가?

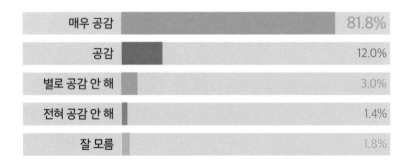

정부가 가장 중점을 둬야 할 규제 방안은?

청소년 성착취 문제 해결을 위한 지원 방안은?

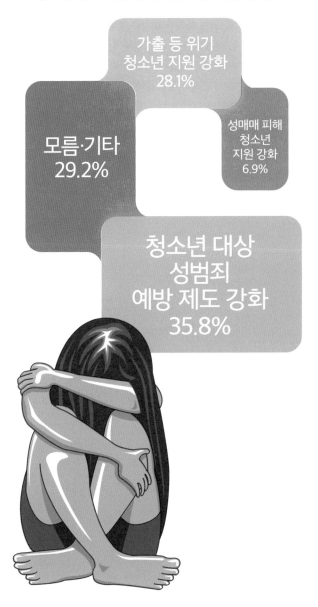

가출 등 위기
청소년 지원 강화
28.1%

성매매 피해
청소년
지원 강화
6.9%

모름·기타
29.2%

청소년 대상
성범죄
예방 제도 강화
35.8%

문제 인식과 대책에서 남녀와 세대 간 의견 차이

청소년 성착취 문제 해결을 위해 우리 사회가 노력해야 한다는 데에는 성별과 세대 간 의견이 일치하지만, 문제의 진단과 해결책에서는 남녀 간 이견이 있었다. 여성은 정부의 규제로 성매수자 처벌을 원하는 비중이 남성보다 더 높다. 반대로 성매매 청소년 처벌을 주문한 남성 비율은 여성 비율보다 더 높다.

청소년들이 성매매하는 이유에 대해서 남성 응답자들은 '돈을 쉽게 벌기 위해서'를 먼저 꼽았다. 청소년도 어느 정도 책임이 있다고 인식하는 것이다. 반면 여성 중 '예상되는 피해를 인지 못해서'라고 응답한 사람은 전체 평균보다 더 높았다.

성매매 문제 해결을 위해 청소년 눈높이에 맞는 대책이 필요하다는 여론이 압도적이다. '청소년 성매매는 성인 성매매와 다른 시각으로 접근해야 한다'는 응답률이 높았다. 40대와 50대의 응답률이 더 높게 나타났고, 20대는 그보다 좀 낮은 응답률을 보였다.

정부 규제 방안으로 성매수자 처벌을 선택한 비율

25.3% 남성

38.8% 여성

청소년 성매매를 성인 성매매와 다른 시각으로 접근해야 한다?

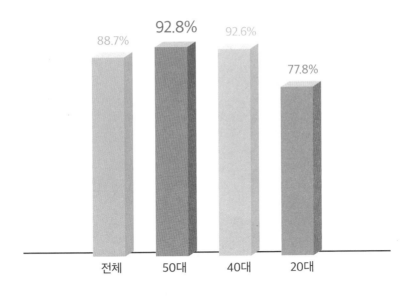

전체	50대	40대	20대
88.7%	92.8%	92.6%	77.8%

'한국 사회의 청소년 성착취에 대한 인식조사'는 <세계일보>와 공공의창이 함께 기획했으며 수행은 여론조사기관 서던포스트가 맡았다. 2018년 11월 26일과 27일 전국 성인남녀 1,000명을 대상으로 여론조사를 진행했으며 95% 신뢰수준에 최대 허용오차는 ±3.10%p다.

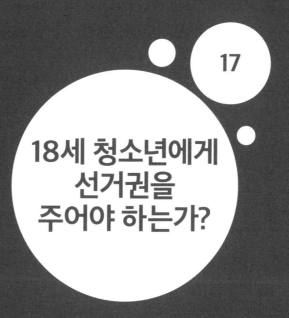

18세 청소년에게
선거권을
주어야 하는가?

2019년 7월 현재, 우리나라의 선거 연령은 만 19세 이상이다. 만 20세였다가 2005년에 바뀌었다. 또 2007년에는 국민투표권 부여 연령이 만 19세 이상으로 낮아졌다.

선거권과 투표권은 혼용해서 쓰이지만 약간 다른 개념이다. 투표권은 선거권뿐 아니라 국민투표와 주민투표의 권리까지 포함하는 더 넓은 의미로 쓰인다.

선거 연령을 18세로 낮추자는 논의가 일고 있다. 만 18세는 취업과 혼인, 운전면허 취득, 공무원 시험 응시 등을 할 수 있고 병역 의무자로서 입대가 가능한 나이이다. 국방, 교육, 납세, 근로 등 국민으로서 주요 의무를 지니면서도 선거권과 투표권이 없다는 것은 부당하다는 주장이다. 중앙선관위원회도 2016년 선거법 개정 의견을 내면서 "18세 청소년은 이미 독자적 신념과 정치적 판단에 기초해 선거권을 행사할 수 있는 능력과 소양을 갖췄다"고 밝힌 적이 있다.

여기에 대해 당사자인 청소년은 어떻게 생각하고 있을까? 청소년은 정치 참여와 우리 사회에 대해 어떻게 생각할까? 그들의 생각을 들여다보았다.

선거 연령을 18세로 낮추자는 데 찬성하는가?

찬성
85.5%

반대, 잘 모른다
14.5%

선거 연령을 낮추는 데 찬성하는 이유는 무엇인가?

정치적
판단이
가능하기 때문
57.1%

헌법이
보장하는
권리이기 때문
29.7%

기타, 잘 모른다
13.2%

청소년은 정치적 의사 표현을 잘할 수 있다고 생각하는가?

잘할 수 있다
82.8%

잘하지 못한다, 모른다
17.2%

정치권이 청소년의 입장을 잘 대변하고 있는가?

그렇지 않다
92.2%

그렇다, 모른다
7.8%

민주 시민 교육이 충분히 이뤄지는가?

미국과 유럽 등의 정치 선진국들에서는 학교와 정당, 시민 단체 등에서 다양한 민주 시민 교육이 이뤄진다. 이를 통해 청소년기부터 사회 참여와 관심이 끌어낸다. 하지만 우리나라의 경우 관련 교육이나 콘텐츠 등의 기반 구축이 부족하다. 청소년들도 이런 현실을 인식하고 있다.

학교에서 투표와 선거 등에 관한 교육이 잘 이뤄지는가?

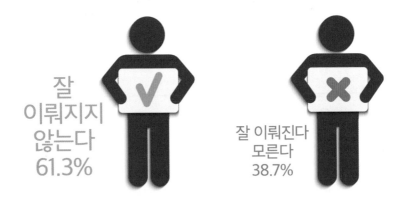

잘 이뤄지지 않는다
61.3%

잘 이뤄진다 모른다
38.7%

다양한 청소년 참여 활동에 관심이 있는가?

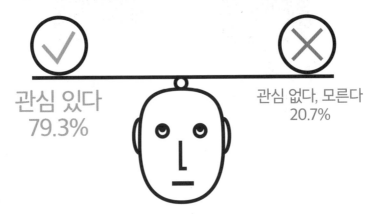

관심 있다
79.3%

관심 없다, 모른다
20.7%

청소년 참여 활동을 활성화하는 방안은?(중복 선택)

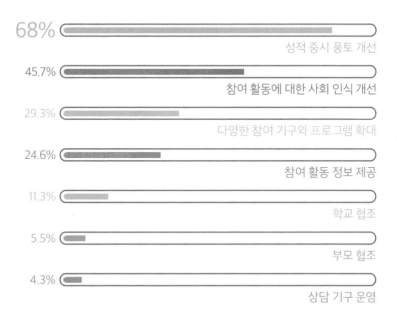

68% 성적 중시 풍토 개선

45.7% 참여 활동에 대한 사회 인식 개선

29.3% 다양한 참여 기구와 프로그램 확대

24.6% 참여 활동 정보 제공

11.3% 학교 협조

5.5% 부모 협조

4.3% 상담 기구 운영

남북통일이 이뤄져야 하는가?

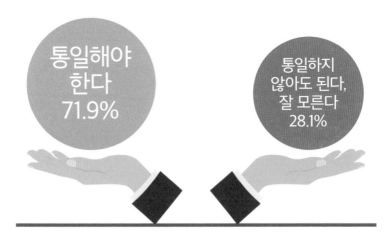

통일해야 한다 71.9%

통일하지 않아도 된다, 잘 모른다 28.1%

우리나라의 세대 간 갈등은 심각한가?

심각하지 않다
잘 모른다
12.1%

심각하다
87.9%

일상생활에 만족하는가?

NO

???

YES

불행하다
33.2%

잘 모른다
7.4%

만족한다
59.4%

청소년 정치 참여의 확대

> 이번 조사 결과를 토대로 청소년
> 참여 프로그램을 개발·운영해 더
> 다양한 청소년의 요구를 수렴할 수 있을
> 것이다. 정치권의 청소년에 대한 무관심과
> 젊은 층의 정치 무관심의 악순환을 해결할
> 방안은 선거 연령 18세로 하향이다.
> 18세 선거권이 조속히 실현돼 사회에 대한
> 청소년의 관심이 증대되고 다양한
> 청소년 정책이 개발되길 바란다.

한국청소년재단 황인국 이사장

청소년 정치와 일상생활 의식 조사는 한국청소년재단과 공공의창이 공동 기획해 수행했다. 2017년 1월 16~17일 개인정보 제공에 동의한 한국청소년재단 소속 2,639명의 청소년 전화번호 중 무작위로 추출해 모바일 웹을 통해 진행됐다. 유효 표본은 256명이며 95% 신뢰수준에서 허용오차 ±5.7%p다.

3장

정치를 다시 생각한다

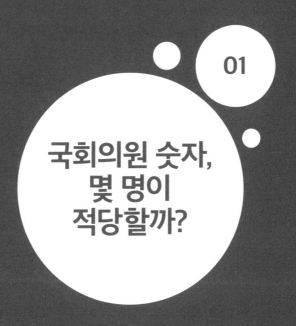

국회의원 숫자, 몇 명이 적당할까?

한국 정치사에서 정치 개혁은 무엇인가를 버리고 절감하고 없애는 데 초점을 맞춘 경향이 있다. 작게 만들어 문제의 소지를 줄이는 게 낫다고 여긴 탓이다. 사회경제적 쟁점의 결론도 축소 또는 폐지로 이어진 것이 많다. 이러한 여론의 흐름은 국회의원 정수에 있어서도 마찬가지로 드러난다. 대부분의 여론조사 결과에서 국회의원 숫자를 늘리는 데 반대하는 여론이 평균 60~70%에 달한다. 그런데 즉각적인 반응이 아니라 더 풍부한 정보를 공유한 후 숙의하고 토론해 결정한다면 어떤 결과가 나올까? 국회의원 정수와 관련해 숙의형 웹조사를 실시해봤다.

숙의형 웹조사는 '무엇이 다수 결정인가'보다는 '무엇이 현명한 결정인가'에 초점을 맞춘다. 그래서 해당 이슈에 대한 정보 공유와 숙의 토론의 효과를 얻기 위해 자신과 다른 주장에 계속 노출되도록 설계됐다. 숙의조사의 타당성과 효과는 완전한 검증이 이뤄지지 않았지만 2017년 10월 '신고리 5·6호기 원전공론화위원회' 공론조사에 두 달 앞서 실시한 숙의형 웹조사에서, 공론조사의 실제 결과와 비슷한 결과를 도출한 것을 볼 때 타당성 있는 조사 방식으로 참고하기에 충분하다고 보인다.

국회의원 정수를 어떻게 하는 게 바람직하다고 보는가?

사전 조사(숙의 전 판단)

확대	현재 수준 유지	축소	기타 및 잘 모름
31%	29%	36%	4%

1차 조사

확대	축소
38%	62%

최종 조사(정보 제공 및 숙의 단계 종료)

확대	현재 수준 유지	축소	기타 및 잘 모름
41%	20%	37%	2%

국회의원 정수 조정에 관한 숙의 후 판단 결과

사전 조사에서는 국회의원 정수 감축이 36%로 가장 높은 반응을 보였고, 확대 (31%), 현재 수준 유지(29%) 순이었다. 확대와 감축만을 놓고 답하게 했을 때는 감축이 62%, 확대가 38%였다.

그런데 정보 제공 및 숙의 과정을 거친 후 응답 결과가 바뀌었다. 확대가 10%p 증가했고, 유지는 9%p 감소했다. 축소도 1%p 증가했다. 변화된 최종 여론이 확대와 축소의 양 갈래로 수렴됐다는 점이 눈에 띈다. 이 결과로 볼 때 정보 제공과 숙의 과정이 분명한 의사결정에 도움을 주었다고 할 수 있다. 이는 그동안의 의사결정이 충분한 검토 없이 이뤄졌다는 반증이기도 하다.

숙의 후 의견 조정

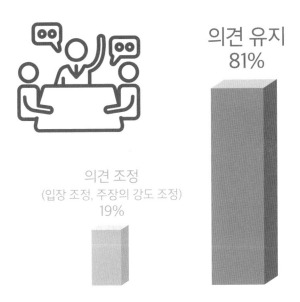

의견 유지
81%

의견 조정
(입장 조정, 주장의 강도 조정)
19%

여론의 세부 분석

사전 질문에서는 축소(36%)가 더 높았지만, 숙의 후 최종 질문에서는 확대(41%)가 더 높게 나타났다. 정보 제공 및 숙의 단계 전후를 비교해볼 때 여성, 20대, 30대, 경기·인천 거주자, 광주·전라 거주자 등에서 확대 의견이 크게 늘었다. 또 진보적일수록, 적극 투표자일수록 확대 의견이 크게 늘었다. 흥미로운 사실은 국회의원 정수 300명 유지 의견인 더불어민주당의 핵심 지지층이 국회의원 정수 확대 의견 증가 계층으로 나타났다는 것이다.

정보 제공 및 숙의 단계를 거치면서, 처음 입장의 강도가 조정되거나 입장을 번복한 응답자는 700명 중 133명으로 전체 응답자의 19%다. 5명 중 1명꼴로 열린 마음으로 국회의원 정수 확대 문제를 재검토한 것이다.

국회의원 정수 축소에서 확대로 의견이 바뀐 응답자들을 설득한 논리

비용 증가 문제
국회의원 수가 증가하더라도 국회 예산은 동결하고 국회가 국민 기대에 부응할 수 있도록 강력한 개혁을 추진하면 되므로 국회의원 숫자를 늘려야 된다

국회의원 정수 증가를 반대했던 사람들은 국회의원 숫자가 늘면 비용이 증가할 것이고 비용 유지 결정을 하더라도 결국 총비용이 증가할 것이라 판단했다. 정치 개혁의 초점을 절감에 두고 있는 의견이 확인된다.

국회의원 정수 확대에서 축소로 의견이 바뀐 응답자들을 설득한 논리

대표성 문제
갈등과 정쟁으로
문제해결 능력이
떨어졌고 국민의 신뢰를
상실해 국회의원
숫자를 줄여야 한다

특권 문제
국회의원 수가
증가하면 특권도 그만큼
증가할 것이니
국회의원 숫자를
줄여야 한다

국회의원 특히, 정치권에 대한 강한 불신 정서를 확인할 수 있는 부분이다. 이런 불신 문제는 앞으로도 정치 개혁의 발목을 잡는 치명적 이유가 될 것으로 보인다.

숙의형 질문에 대한 공감도

대표성 문제

한국 정치는 다른 정치 선진국에 비해 국회의 생산성이 낮고, 갈등과 정쟁으로 문제해결 능력이 떨어져 국민의 신뢰를 상실했기 때문에 국회의원 수를 줄여야 한다.

공감	비공감

인구 수에 비해 우리나라 국회의원 수는 다른 민주주의 나라에 비해 적고 국회의원 1인이 대표하는 국민 수가 너무 많아 의원 숫자를 늘려야 한다.

공감	비공감

비용 증가 문제

국회 예산 동결을 약속하더라도 일시적일 수 있고 국회의원 수가 증가하면 결국 비용도 증가할 것이므로 국회의원 수를 늘리면 안 된다.

공감	비공감

국회의원 수가 증가하더라도 국회 예산은 동결하고 국회가 국민 기대에 부응할 수 있도록 강력한 개혁을 추진하면 되므로 국회의원 숫자를 늘려야 한다.

공감	비공감

특권 문제

국회의원 수가 증가하면 특권도 그만큼 증가하니 국회의원 수를 줄여야 한다.

공감	비공감

국회의원 수를 늘려도 특권을 약화시키는 국회 개혁을 추진하면 되므로 의원 숫자를 늘려야 한다.

공감	비공감

생산성 문제

국회의원 숫자를 늘린다고 국회의 생산성이 높아지고 건설적인 정치가 이뤄질 것을 기대할 수 없으므로 국회의원 수를 줄여야 한다.

공감	비공감

사회 발전으로 해결해야 할 문제가 더 복잡하고 많아졌으며 국회의원 수가 늘어나면 인원 부족으로 못했던 일도 할 수 있으니 의원 숫자를 늘려야 한다.

공감	비공감

숙의형 조사 결과에 대한 수용성

국회의원 숫자의 조정 문제를 전문가와 일반 국민의 충분한 숙의와 토론을 통해 결정한다면, 나와 생각이 다르더라도 동의할 수 있다는 응답이 높았다. 어떤 사람의 의견을 존중하는 것이 좋을지는 국민, 학계·전문가, 시민사회단체, 국회의원 순이었다. 국가의 주요 정책을 결정할 때 시민의 숙의와 토론을 통해 결정하는 공론조사 등 숙의 토론 과정을 제도적으로 도입하는 문제도 공감하는 의견이 많았다. 쟁점 정책 등에 숙의조사 방식의 적극 도입이 필요한 것으로 보인다.

국회의원 정수 조정 시 숙의 토론 결정 수용 여부

매우 그렇다	13.5%
대체로 그렇다	**47.6%**
그때 가봐야 할 것 같다	22.7%
대체로 그렇지 않다	6.2%
전혀 그렇지 않다	10.0%

국회의원 정수 조정 시 의견 존중 계층

국회의원	0.4%
학자·전문가	20.6%
시민 사회	4.4%
국민 여론	**70.6%**
기타 및 잘 모름	4.0%

국가 주요정책 의사결정 시 숙의 토론 결정 제도화 여부

공감	**85.2%**
비공감	10.2%
잘 모름	4.6%

2019년 2월 13~14일, 전국 성인남녀 700명을 대상으로 국회의원 정수와 관련한 숙의형 웹조사를 진행했다. <경향신문>과 공공의창이 기획하고 여론조사기관 우리리서치가 조사를 수행했다. 95% 신뢰수준에 최대 허용오차는 ±3.7%p다.

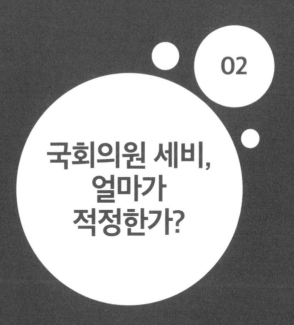

02

국회의원 세비,
얼마가
적정한가?

2018년 1월 15일 청와대 국민청원 게시판에는 눈길을 끄는 청원이 하나 올라왔다. '국회의원 급여를 최저시급으로 책정해주세요'라는 내용이었다. 이 청원은 많은 동의를 끌어냈고, 2월 14일에는 27만 명을 넘어섰다. 답변 기준 20만 명을 넘어선 것이다. 그러나 이에 대해 청와대가 답변할 내용은 없다. 삼권 분립의 한 주체인 국회가 정할 일이기 때문이다.

한국인은 국회의원 세비에 대해 어떻게 생각하고 있을까? 여기에 대해 숙의형 토론과 여론조사를 진행해보았다.

행정부 사법부 등과 비교한 국회의원 세비 수준(연 지급액)

자료: 국회의원특권 내려놓기 추진위원회 보고서(2016)

국회의원	1억 4,736만 원
장관	1억 6,700만 원
차관	1억 4,654만 원
대법관	1억 7,052만 원
헌법재판소 재판관	1억 5,702만 원
중앙선관위원회 상임위원	1억 6,670만 원

국회의원 얼마나 받나?

국회사무처의 '제20대 국회 종합 안내서'에 따르면, 의원 연봉은 국회 개원일인 2017년 5월 30일 기준으로 상여금을 포함해 1억 3,796만 1,920원이다. 월평균 1,149만 6,820원이다. 여기에는 기본급 개념의 일반수당 646만 4,000원과 입법 활동비, 관리 업무 수당, 정액 급식비, 정근 수당, 명절 휴가비 등이 포함된다. 그리고 사무실 운영비, 차량 유지비 등 의정 활동 경비가 연간 9,251만 8,690원이 추가된다. 가족 수당, 자녀 학비, 보조 수당 등을 포함하면 실수령액은 더 늘어난다.

숙의형 토론 결과
국회 불신과 정치 개혁의 열망이 드러남

2018년 3월 3일 서울 중구 YWCA 대강당에서 열린 토론회에 20명의 시민이 참여했다. 5명의 퍼실리테이터를 합쳐 25명이 숙의형 토론을 진행했다. 1차 토론 시작 전 조사에서 국회의원 세비를 최저임금 수준에서 정하는 데 대해 찬성한 사람은 25명 중 11명이었다. 그리고 테이블별 상호 토론 뒤에도 결과는 크게 달라지지 않았다. 찬성은 그대로 11명이었다. 이후 2차 토론이 진행됐다.

전문가 발제

국회의원 최저임금제 청원은 반(反)정치 포퓰리즘이다.

한국 국회의원의 보수는 결코 높지 않다.

의원 1인당 국민 수로 보나, 액수로 보나 한국의 국회의원이 특권을 누린다고 볼 수 없다.

국회가 일을 하지 않는다고 볼 수는 없다. 개원 2년이 안 된 20대 국회에서 그동안 발의된 법안만 1만 2,000여 건, 월평균 500건이다.

국회 측 발제자
(최광웅 데이터정치경제연구원 원장)

시민 측 발제자
(이옥남 바른사회시민회의 실장)

국회의원 세비를 최저임금 수준으로 조정하는 데 찬성하십니까?

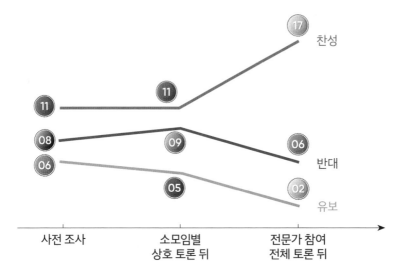

그러나 시민들은 설득되지 않았다. 오히려 청원 반대에서 찬성으로 돌아선 이들도 있었다. "왜 국회의원이 비판 대상이 되는지, 세비를 문제 삼는 이유가 무엇인지, 최저임금을 거론한 속뜻은 무엇인지를 숙고해야 한다"는 의견이다. 절박한 상황의 시민들이 정치 개혁의 열망을 담았다는 해석을 할 수 있었다. 3차 토론에서는 자연스럽게 '정치 개혁'으로 주제가 옮겨갔다. '국민 소환', '한국형 중간 평가제' 도입 등에 관한 이야기도 나왔다.

3차 토론 뒤 최종 투표에서 국회의원 세비를 최저임금 수준으로 정하는 데 찬성한 사람은 17명으로 대폭 늘어났다. 입장을 유보했던 사람 중 다수가 '찬성'을 택한 것으로 보인다.

국회에 대한 국민 불신, 국민 기대보다 낮은 국회의 문제 해결 능력과 전문성, 헌신성, 국민이 직접 나서서 견제하고 의견을 조율하는 공론장의 요구 등을 확인할 수 있었다.

국회의원 세비
최저임금 수준 책정에 관한 여론조사

국회의원 급여를 최저임금 수준으로 조정하는 데 대한 의견을 물었을 때 찬성이
압도적으로 많았다.

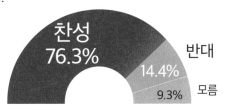

찬성
76.3%

반대

14.4%

9.3% 모름

왜 국회의원 세비를 깎아야 하나?

39.0%	국가에 봉사하는 자리임
30.5%	일을 제대로 못함
16.2%	그 외 특권이 많음
12.2%	세비 사용처가 투명하지 않음
2.1%	기타/모름

국회의원 세비를 낮추면 안 되는 이유

30.7%	부정부패와 비리가 늘어날 우려
19.7%	최저임금으로 인한 의욕 상실 우려
18.4%	정치 혐오 분위기 조장 우려
14.5%	지역 구민과 소통 등 비용 필요
10.5%	기타/모름

국회가 제도를 개선하고
국회의원이 급여 사용 내역을 공개하더라도
최저임금을 줘야 하는가?

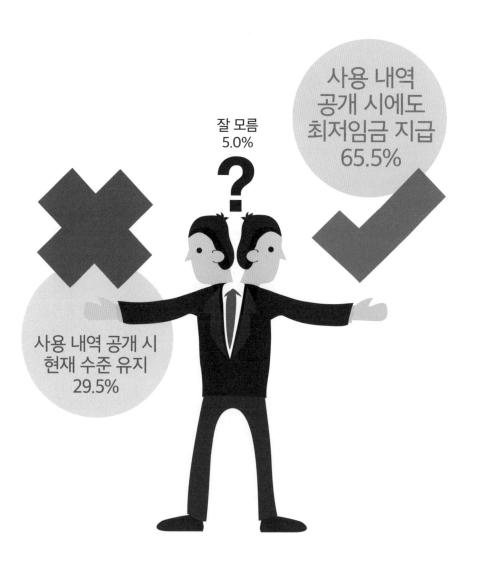

잘 모름
5.0%

사용 내역
공개 시에도
최저임금 지급
65.5%

사용 내역 공개 시
현재 수준 유지
29.5%

잘 모름
7.6%

최저임금
수준 지급
52.4%

위원회 결정에
따라 지급
40.0%

**국회가 스스로 급여를 결정하지 않고
'국회의원급여결정위원회' 같은
외부 기관이 급여를 결정하도록 하는 방안과
최저임금 수준의 지급 중에 선택한다면?**

국회의원 정수 조정에 대한 의견은?

30.7%	줄여야 한다
13.7%	적당하다
6.4%	늘려야 한다
7.5%	기타/모른다

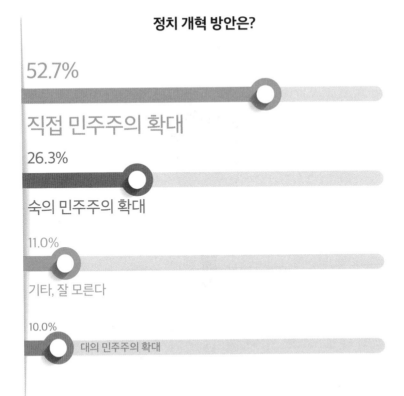

정치 개혁 방안은?

52.7%
직접 민주주의 확대

26.3%
숙의 민주주의 확대

11.0%
기타, 잘 모른다

10.0%
대의 민주주의 확대

한국인이 바라는 국회와 정치 개혁

한국인들은 더 많은 정치 참여를 원하고 있다. 제도 개선 방안은 대부분 직접 참여 형태로 향하고 있는 점을 발견할 수 있다. 시민 스스로의 정치적 능력에 대한 자신감이 커지고 소셜 네트워크 등의 참여 경로가 늘어난 것이 직접 민주주의에 대한 국민적 요구가 커지는 요인으로 작용한 것으로 보인다.

국회 개혁 방안은?

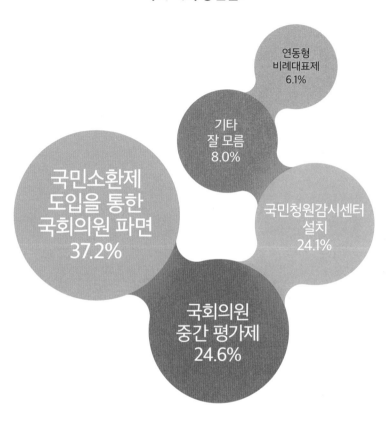

연동형
비례대표제
6.1%

기타
잘 모름
8.0%

국민소환제
도입을 통한
국회의원 파면
37.2%

국민청원감시센터
설치
24.1%

국회의원
중간 평가제
24.6%

'국회의원 세비 최저임금 수준 삭감에 대한 조사'는 <경향신문>과 공공의창이 기획했다. 숙의형 토론은 코리아스픽스 진행으로 2018년 3월 3일, 시민 20명과 퍼실리테이터 5명이 했고, 설문 조사는 여론조사 전문기관 타임리서치가 시민 1,008명을 대상으로 수행했다.

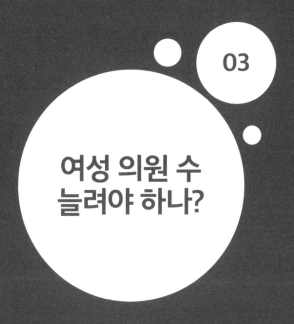

03

여성 의원 수 늘려야 하나?

국회와 지방 의회의 여성 의원 수는 점점 더 늘어나는 추세다. 하지만 절반을 차지하는 인구 비례로 볼 때는 아직 부족하다. 현재 여성 국회의원 비율은 17%인데, 한국인은 부족하다고 느끼고 있다. 한국 정치 발전을 위해 여성 의원 수가 늘어야 할까? 어느 정도 늘어나는 것이 타당할까? 여성 의원 수가 늘어야 하는 합리적인 이유는 무엇일까? 이에 대한 의견을 물었다.

국회와 지방의회에서 적당한 여성 의원 수는?(전체가 100명일 때)

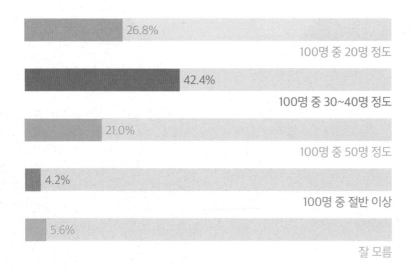

26.8%	100명 중 20명 정도
42.4%	100명 중 30~40명 정도
21.0%	100명 중 50명 정도
4.2%	100명 중 절반 이상
5.6%	잘 모름

여성 의원 수가 늘어야 한다는 게 압도적 여론

여성 의원 수가 현재보다 늘어야 한다는 의견이 94.4%로 압도적이다. 그렇다면 국회와 지방의회의 여성 의원 수는 얼마나 되는 것이 바람직한가? 이에 대해 현재보다 늘어난 전체 의석의 30~40%가 적당하다고 생각하는 사람이 가장 많다.

남녀 국회의원 비율이 비슷해야 합니까?

여성 의원과 남성 의원 수가 비슷하게 균형을 맞춰야 한다는 데 찬성이 반대보다 2배가량 많았다. 찬성 응답은 여성이 더 높았는데, 남성 응답자도 절반 이상이 찬성했다.

찬성 61.1% 잘 모름 7.3% 반대 31.6%

여성 의원을 늘리기 위해 여성 공천을 절반으로 하는 것에 찬성합니까?

공천 자체를 남녀 절반으로 해야 한다는 데 대해서는 의원 숫자를 비슷하게 하는 것에 비해 찬성률이 더 낮았다.

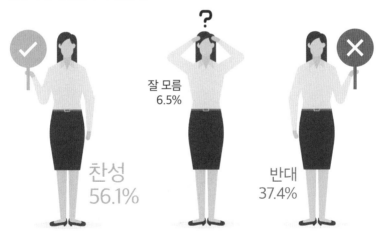

찬성 56.1% 잘 모름 6.5% 반대 37.4%

남녀 의원 숫자를 비슷하게 하는 데 대한 찬성 이유

잘 모름
2.6%

남녀 동수
관련 법 제정이
세계적
추세이므로
3.1%

여성·약자를
위한 정책이
늘 것으로
기대해서
8.0%

여성
차별 철폐를
위해서
34.4%

국민의 반이
여성이기 때문
20.5%

남성 중심
정치 해소를
위해서
31.4%

남녀 의원 숫자를 비슷하게 하는 데 대한 반대 이유

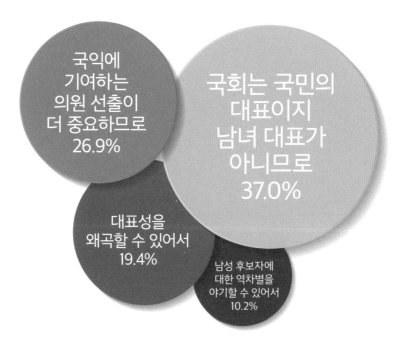

국익에 기여하는 의원 선출이 더 중요하므로 26.9%

국회는 국민의 대표이지 남녀 대표가 아니므로 37.0%

대표성을 왜곡할 수 있어서 19.4%

남성 후보자에 대한 역차별을 야기할 수 있어서 10.2%

조사 결과 응답자들은 이상적 가치에 찬성하면서도 현실을 고려하는 모습을 보였다. '남녀 의원 수가 비슷해야 한다'는 당위론적 명제에서는 찬성 비율이 60% 이상 나왔는데 구체적으로 '여성 의원 수가 100명 중 몇 명이 바람직한가'라는 현실적 질문이 제시되면 '30~40명이 적당하다'는 의견이 많은 것이다.

'여성 정치 참여 확대 관련 국민인식조사'는 <서울신문>, 한국여성의정, 공공의창이 기획하고 여론조사기관 조원씨앤아이가 조사를 수행했다. 이 과정에서 한국여성정치연구소의 도움을 받았다. 2018년 11월 14~15일 19세 이상 전국 성인남녀를 대상으로 무선전화 ARS 방식으로 시행했다. 1,000명이 응답했으며 표본오차는 95% 신뢰수준에서 ±3.1%p다.

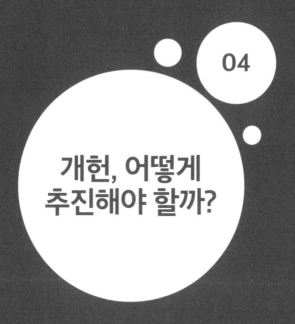

04

개헌, 어떻게 추진해야 할까?

대한민국은 1948년 헌법 제정 후 2019년 7월 현재까지 모두 9차례의 개헌을 했다. 그중 마지막 개헌은 1987년이었다. 개헌 후 32년이 흘렀다. 그동안 정치, 사회, 경제에서 수많은 변화가 있었지만, 헌법에 녹아들지는 못했다. 그래서 정치권을 중심으로 개헌 논의가 숱하게 진행되었다. 하지만 개헌은 이념과 현실 이해관계가 복잡하게 얽힌 난맥상을 풀어야 이뤄질 수 있다.

개헌에 대한 합의가 이뤄지지 못했다. 2018년 1월 문재인 대통령은 신년 기자 회견에서 '순차적 개헌' 방안을 제안했다. 이견이 덜한 부분부터 하나하나 개헌을 해나가자는 것이었다. 결과적으로 이 제안은 실현되지 못했다. 개헌 방식과 내용에 대한 국민의 생각은 어떠했을까? 여론조사를 통해 살펴보았다.

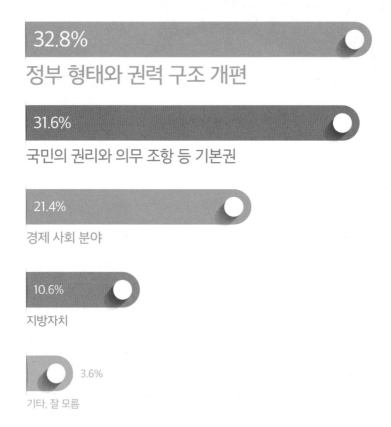

개헌 중점 분야는?

32.8%
정부 형태와 권력 구조 개편

31.6%
국민의 권리와 의무 조항 등 기본권

21.4%
경제 사회 분야

10.6%
지방자치

3.6%
기타, 잘 모름

개헌을 추진할 때 가장 중점을 둬야 할 분야

역사를 볼 때 개헌의 핵심 사안으로 쟁점이 된 분야가 정부 형태와 권력 구조, 선거 제도다. 이 분야에 개헌의 중심을 두어야 한다는 의견이 가장 많았지만 압도적이지는 않았다. 기본권을 중요한 개헌 사항으로 생각하는 사람도 많았다. 특히 남성은 정부 형태와 권력 구조 개편, 여성은 기본권에 더 많은 관심을 보였다.

권력 구조 개편 내용

우리나라에 적합한 권력 구조로 대통령 4년 중임제를 선호하는 사람이 가장 많았다. 이것은 여러 여론조사 결과에 공통으로 나타나는 점이다.

국민발안제 도입에 찬성하십니까?

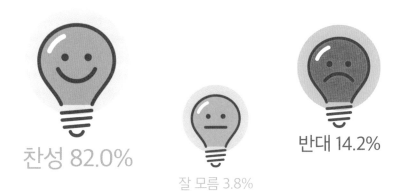

직접민주주의 도입

직접민주주의의 중요한 방식으로 국민발안제가 있다. 국민이 직접 법률안이나 개헌 발의를 할 수 있게 한 것이다. 우리나라에서는 1954년 2차 개헌 때 채택됐지만, 사실상 활용하지 못한 제도라는 이유에서 1972년 7차 개헌 때 폐지됐다.

반대 의견과 유보
40.1%

찬성
53.1%

순차적 개헌에 대한 의견

당시 대통령은 우선 합의가 가능한 분야를 선별적으로 개헌하자고 제안했다. 여야 간 이견이 있어 합의 도출이 쉽지 않은 권력 구조 개편을 미루더라도 자치 분권과 기본권 확대를 골자로 한 개헌을 우선 추진해야 한다는 것이다. 이에 대해 찬성과 반대를 물었다.

개헌 시기

2018년 당시는 지방선거를 앞두고 있었다. 2017년 대선에서 여야 대선 후보들은 개헌 국민투표와 지방선거를 동시에 하자고 공약했었다.

적절한 개헌 국민투표 시기는?

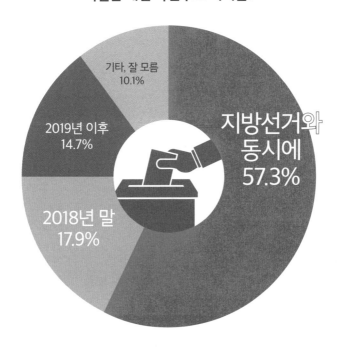

기타, 잘 모름
10.1%

2019년 이후
14.7%

2018년 말
17.9%

지방선거와
동시에
57.3%

'개헌에 관한 국민인식조사'는 <세계일보>와 전국자치분권개헌추진본부, 공공의창이 기획했으며 여론조사 전문기관 서던포스트가 수행했다. 2018년 1월 26일 전국 성인남녀 1,002명을 대상으로 100% RDD 휴대전화 조사 방식으로 했다. 95% 신뢰수준에서 허용오차 ±3.1%p다.

05

권력 구조 개편과 선거 제도 개혁을 위한 개헌 방향

개헌은 정치권의 오랜 화두다. 하지만 헌법이 국민의 것이듯, 개헌이 정치권의 이해 관계에 따라 좌지우지되는 것은 바람직하지 않다. 국민 의사를 중심으로 한 개헌이 진행돼야 한다. 국민 의견을 반영하기 위해서 다양한 주장과 정보를 접하며 의견을 조정해가는 '공론조사'가 유용한 방법의 하나다. 2017년 10월 31일 국회에서 열린 '개헌의 아킬레스건 정부 형태 - 국민개헌공론화위원회가 대안인가'라는 제목의 토론회에서는 개헌 주체는 정치인이 아닌 '시민'이어야 한다는 공감대가 형성되었다. 이런 흐름에서 '미래 세대가 말하는 개헌'을 주제로 각 당의 청년 당원을 모아 권력 구조 개편과 선거 제도 개혁을 다루는 '숙의형 토론회'를 열었다.

청년 당원 중심의 숙의형 토론

숙의형 토론회 참여 대상을 원내 5개 정당 청년 당원으로 정했다. 이들이 한국 정치의 미래를 이끌어갈 세대다. 그리고 정당과 일반 시민의 중간에 있어 각 정당의 이해관계에서 어느 정도 자유롭다. 토론회에는 자유한국당(19명), 더불어민주당(18명), 정의당(12명) 등 3개 정당에서 49명의 청년 당원들이 참석했다. 국민의당과 바른정당에도 참가 요청을 했지만, 불참 의사를 밝혀왔다.

숙의형 토론은 2017년 10월 28일에 진행되었다. 먼저 토론자 49명이 5~6명씩 8개 테이블에 나눠 앉아 한국에 적합한 권력 구조 방안과 선거 제도 개혁 방안에 대해 1차 토론을 벌였다. 그다음에 1차 토론에서 나온 의견을 분석해 의제화한 뒤 다시 의견을 주고받는 2차 상호 토론을 진행했다. 이 과정에서 토론 전, 토론 중간, 토론 이후 참석자들의 의견을 각각 집계해 토론을 거치며 참가자들이 얼마나 의견을 바꿨는지 확인했다.

토론을 진행한 이병덕 코리아스픽스 대표는 "개헌에 대한 정당 간의 표면적 갈등이 아니라, 이를 둘러싼 개인의 잠재적 욕구를 이야기할 수 있도록 규칙을 안내했다. 이 과정에서 각각의 쟁점과 관련된 정보에 쉽게 접근할 수 있도록 했다. 그 때문에 이들이 정치권의 중심 구성원은 아니지만, 나라의 주권자로서 토론회에 집중할 수 있었다"고 설명했다.

선호하는 권력 제도

청년 당원들은 대통령 4년 중임제를 가장 선호하는 것으로 나타났다. 그러나 숙의를 거치면서 의견의 변화가 일어난 데 주목해야 한다. 4년 중임제는 토론 후 줄었고, 의원내각제는 토론 후 늘어났다. 압도적으로 4년 중임제를 선택했던 청년 당원 일부가 토론을 거치며 의원내각제로 방향을 선회했다.

구분	토론 전 조사	토론할 때 선택	토론 뒤 조사
대통령 4년 중임제	71%	58%	55%
의원내각제	10%	17%	19%
5년 단임제	5%	11%	9%
분권형 대통령제 (이원집정부제)	7%	4%	4%
기타	7%	4%	13%
합계	41명	47명	47명

한국 권력 구조 평가

청년들은 토론을 거치며 대통령의 권한을 줄이고 의회가 중심이 되는 방향으로
가야 한다는 흐름을 형성했다.

대통령에게 강력한 권한이 필요하다

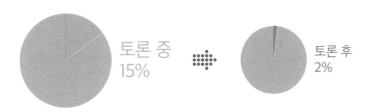

대통령의 권한 집중이 심각하다

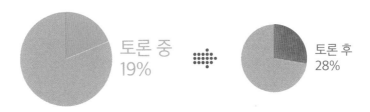

정치의 중심은 정당이므로 의원들이 국정을
수행하도록 제도를 개선해야 한다

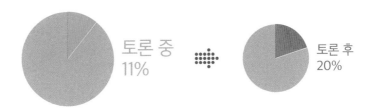

4년 중임제는 현실적 차선책

청년들은 '정책 연속성'을 위해 4년 중임제가 필요하다고 판단하지만, 이것을 한국 정치 현실을 고려한 현실적인 '차선책'으로 받아들였다. 대의민주주의를 실현하기 위해 궁극적으로 의원내각제가 필요하지만 낮은 한국의 정당 신뢰도를 고려했을 때 이 제도 도입은 '시기상조'라는 것이다.

> 대의민주주의 체제에서
> 의원내각제가 이상적이라고 본다.
> 그러나 한국처럼 정치 논리가 첨예하게
> 대립하는 정치 환경에선 한계가 있다.
> 현재 5년 단임제도 정책의 연속성을 확보하기
> 어렵다는 문제가 있다. 국회의원 선거와
> 시기를 맞춰 중간 평가를 받는 방식으로
> 4년 중임제를 시행해야 한다.

자유주의가 잘 발달한 미국에서 검증된 제도인 4년 중임제로 가야 한다. 국회의원 다수가 원하는 대로 가면 대통령이 제대로 정책을 펼 수 없기 때문에 내각제가 강화되면 안 된다.

자유한국당 청년 당원, 당의 기류와 다른 의견

자유한국당은 대통령이 외치를 맡고 의회가 내치를 책임지는 분권형 대통령제(이원집정부제)를 선호한다고 알려져 있다. 그러나 토론회에 참석한 청년 당원 중 아무도 분권형 대통령제를 선택하지 않았다. 4년 중임제에 대한 선호가 뚜렷했다. 기성 정치권과 청년 당원들의 시각 차이가 분명히 드러났다.

선거 제도 개편

각 당 청년 당원들은 연동형 비례대표제(독일식 정당명부제)에 대한 선호도가 가장 높았다. 이 의견은 토론 전보다 토론 후가 더 많았다. 그런데 더불어민주당과 정의당에서는 연동형 비례대표제를 선택하는 비율이 높았지만, 자유한국당은 현행 소선거구제 유지 쪽 의견이 더 많았다.

구분	토론 전 조사	토론할 때 선택	토론 뒤 조사
독일식 정당명부제 (연동형 비례대표제)	43%	51%	56%
소선거구제	40%	30%	29%
중·대선거구제	7%	4%	2%
기타	10%	15%	13%
합계	42명	46명	48명

바닥 민심의 목소리가
차단되는 것이 현재의 소선거구제다.
국민이 의회를 신뢰하지 않는 이유는
지지율이 낮은 정당이 국회 의석수의 많은
부분을 차지하기 때문이다.
민의를 제대로 반영하려면 민심 지지율에
따라 의석수가 배분되는 연동형
비례대표제를 도입해야 한다.

선거 제도와 권력 구조에 관한 시민 여론조사

청년 당원 개헌 원탁토론회 결과를 가지고 일반 시민을 대상으로 개헌과 선거제도 개편에 관한 여론조사를 했다. 토론 과정에서 나온 의견 중 의미 있는 내용을 골라 이에 대한 의견을 묻는 방식이었다.

한국에 가장 적합한 권력 구조는?

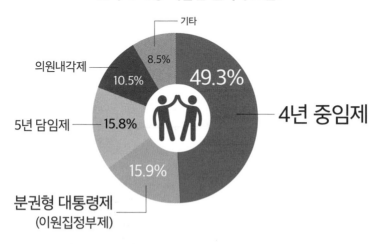

기타 8.5%
의원내각제 10.5%
5년 담임제 15.8%
분권형 대통령제 (이원집정부제) 15.9%
4년 중임제 49.3%

선거 제도 개편 방향은?

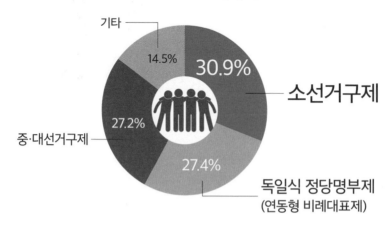

기타 14.5%
소선거구제 30.9%
중·대선거구제 27.2%
독일식 정당명부제 (연동형 비례대표제) 27.4%

정치 발전을 위해 근본적으로 개선해야 할 부분은?

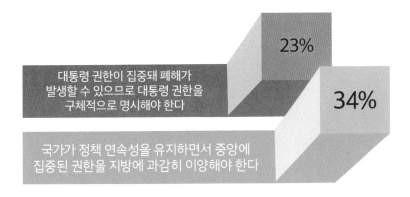

23%

대통령 권한이 집중돼 폐해가
발생할 수 있으므로 대통령 권한을
구체적으로 명시해야 한다

34%

국가가 정책 연속성을 유지하면서 중앙에
집중된 권한을 지방에 과감히 이양해야 한다

선거 제도를 개혁하며 우선 고려해야 할 사항은?

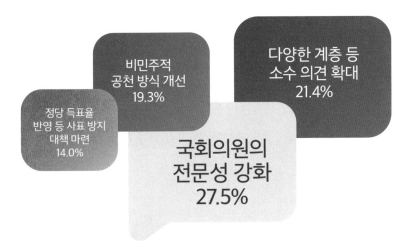

다양한 계층 등
소수 의견 확대
21.4%

비민주적
공천 방식 개선
19.3%

정당 득표율
반영 등 사표 방지
대책 마련
14.0%

국회의원의
전문성 강화
27.5%

개헌에 관한 조사는 <한겨레21>과 공공의창이 기획했다. '미래 세대가 말하는 개헌' 토론회는 2017년 10월 28일에 열렸다. 원탁토론회 전문기관인 코리아스픽스가 진행을 맡았다. 권력 구조와 선거 제도 개편 여론조사는 공공의창 회원사인 리서치뷰가 시민 1,005명을 대상으로 진행했다. 표본오차는 95% 신뢰수준에서 ±3.5%p다.

좌담회에 모인 5개 정당의 청년 당원들

06

다양성과 합의의 정치, 청년들에게서 희망 찾기

1987년 체제 이후 한국 정치는 양대 정당으로 분리됐다. 두 정당은 갈등을 자양분으로 성장해왔다. 이들은 협력보다 갈등을 선호했다. 자신의 세력을 더 많이 더 강하게 결집시키기 위해서다. 2016년 총선은 국민이 양대 정당의 대결이라는 기존 체제에 반대하고 있음을 보여주었다. 이후 5당 체제가 형성됐다.

하지만 한국 정치의 극단적 대결 구도는 여전하다. 정치 현장은 물론이고 온라인에 이르기까지 양쪽으로 나뉘어 험악한 싸움이 이어지고 있다. 한국 정치에서 다양성의 존중과 합의는 갈 길이 멀어 보인다.

그렇다면 정당원인 청년들은 어떻게 생각하고 있을까? 이들에게서 새로운 희망을 찾을 수 있을까? 주요 정당의 청년 당원 14명이 모였다. 범진보 세력을 A그룹(더불어민주당·정의당), 중도 및 범보수 세력을 B그룹(자유한국당·국민의당·바른정당)으로 묶어 각각 따로 좌담회를 열었다. A그룹과 B그룹 구성원을 모두 모아 통합 좌담회를 다시 한번 열었다. 이들에게서 '따로 또 같이' 공존할 길을 찾을 수 있을까?

이와 함께 국민 여론조사를 시행했으며 빅데이터 분석을 통해 포털 사이트에 올라온 언론 기사 가운데 청년과 연관된 단어의 조합이 무엇인지도 살펴봤다.

갈등의 정치를 거부한다

갈등을 통해 자기 몸집을 불리려 하는 기존 정치 관행을 거부하는 게 청년 당원들의 공통된 정서다. 다양성을 인정하면서 선의의 경쟁과 협력을 통해 함께 발전하자는 것이다.

우원재
(자유한국당 부대변인)
정의당은 대한민국
정당 중에서 인권
감수성이 가장 뛰어난
정당이다.

김승현
(정의당 경기도당 청년위원장)
자유한국당이 강자의
편이라고만 생각했는데 약자에
대해서도 많이 말해주셔서 다시
생각하게 됐다.

이윤정(자유한국당 대학생위원장)
5당 체제를 긍정적으로 생각한다.
개혁과 변화를 바라는
새로운 시도다.

박도연
(더불어민주당 부위원장)
원내에서 세 자릿수
이상 의석을 가진 정당은
없어져야 한다. 의원 수
차이가 너무 큰데 어떻게
협치를 하겠느냐?

김정수
(바른정당 청년 대변인)
애초 (자유한국당과는) 이념이 맞지
않아 당을 나왔다. 우리가
'보수의 정의당'이 되더라도 신념과
가치를 지키려고 노력해야 한다.
다시 (자유한국당에) 돌아간다는
생각은 버렸으면 좋겠다.

'딱지 붙이기'는 정당 발전을 저해

우원재(자유한국당 부대변인)
자유한국당에서 보수를 자처하는 정치인들은 실제 왜 본인이
보수인지에 대한 이해도가 떨어진다. 특히 시장, 자유, 개인,
인권 등 보수적 가치에 대한 이해가 전혀 없다.
이념이 아니라 사람에게 충성하는 문화도 우리와 맞지 않다.
보수는 (현 상태를 고수하며) 바뀌지 않겠다는 게 아니라,
(미래를 쉽게 예측할 수 없으니) 점진적으로 바꿔가겠다는 것이다.
보수가 다문화 가정이나 성 소수자 인권 문제에도 관심을
가져야 한다고 본다.

황민철(자유한국당 당원)
문재인 정부에 대한 비판도
중요하지만, 대안 없는
네거티브를 하면 이길 수 없다.
우리도 대안을 내놓아야 한다.

박민영(바른정당 청년 대변인)
보수가 원칙을 지키는 건 좋은데
이 원칙이 왜 생겼는지에 대한
고민이 없다. '(보수가 고집해온) 원칙이
이 시대에도 통용되는 게 맞는지'
자문할 수 있어야 하는데 그런
역량이 없는 것 같다.

우원재(자유한국당 부대변인)
누군가의 발언에 '일베' 혹은
'메갈'이라고 딱지를 붙이면,
그렇게 규정된 사람들은 발언권을
박탈당하고 끼리끼리 뭉쳐 더
극단적으로 갈 수밖에 없다.
이건 큰 문제다.

박도연(더불어민주당 부위원장)
'문빠', '문슬람' 등의 표현은 없어져야 한다. 사상적으로 다양한 사람이 많아야 정치가 건강하게 발전한다. 누군가 자기 의견을 말할 때 어떤 프레임이 씌워지는 순간 사상의 자유가 사라진다. 내가 이따금 대통령을 비판하면 일부 민주당 지지자들이 "스파이냐"고 물어본다. 이는 활발한 토론을 위축시켜 결국 정당의 발전을 저해한다.

이은영(좌담회 진행자, 한국여론연구소 대표)
여러 정치적 논쟁이 의미 있게 이뤄지려면 성숙한 민주주의적 소양이 바탕이 돼야 한다. 그러나 한국의 경우 온라인 토론 문화가 처음부터 인물 팬덤으로 형성됐다. 특히 과거 9년 동안 보수 정부를 거치면서 국가정보원 댓글 부대나 블랙리스트 등 정부 기관이 한국 사회에서 공론이 건강하게 형성되는 것을 막아왔다. 한창 정치적 의사를 자유롭게 표현해야 할 20~30대 청년 세대가 자신의 의견을 드러내는 데 주저하면 한국의 민주주의는 위축된다. 소셜네트워크를 통해 쉽게 상대에게 '딱지 붙이기'를 시도하는 현재 상황은 '침묵의 나선 이론'이 적용된다. 남들과 다른 의견을 가졌다는 사실을 표현하기 두려워 결국 침묵을 선택하게 된다. 사회적 어젠다가 건강하게 세팅되려면, 언론과 전문가 집단의 기능이 회복돼야 한다.

청년 당원들의 문재인 정부 평가

A그룹 평균
71점

B그룹 평균
40점

우원재(자유한국당 부대변인)
탈원전과 일자리는 60년
정책이다. 그런데 이런
정책을 국민 여론을 등에 업고
독단적으로 밀어붙였다.

이윤정
(자유한국당 중앙대학생위원장,
광명시의회 의원)
주기적으로 인기영합주의 정책이
남발되고 있다. 거기에 적폐
청산을 얘기하면서 본인들이
그 전철을 밟고 있다는 점은
모순이다. 보복 정치도
이뤄지고 있다.

유호준(더불어민주당 한양대 당원모임 간사)
비정규직의 정규직 전환 정책이
가장 좋았다.

청년들의 정치 참여 기회를 넓혀야

조혁준(더불어민주당 대의원)
각 정당이 청년들 성장 방향을 국한시키고
있다. 기회를 준다는데 실질적으로 거의 없다.
적어도 인구수에 비례한 의석수가 있어야
하는데 아직 많이 부족하다.
윗분들이 자신이 가진 것을 내려놓아야 밑에
있는 청년들이 올라갈 수 있는데, 그런 단계를
미리 차단해버린다는 느낌이 강하다.

이내훈
(전 국민의당 전국청년위원회 부위원장)
선배들이 물러날 때를 잘 모르는
것 같다. 또 법안을 다루는
국회의원들이 지역구 관리에
과하게 품을 들인다.
우리 당 이용주 의원이 발의한
다선 금지법에 공감한다.

유호준(더불어민주당 청년당원)
아쉽게도 선배 정치인들과 비교할 때
내가 어떤 점에서 나은지 잘 모르겠다.
그래서 '젊다, 우리 세대와 공감을
잘한다'는 수준에 그치고 만다.
젊은 세대가 실력을 쌓을 기회를
줬으면 좋겠다.

청년들의 쓴소리

29세 여성(자유한국당 당원)
정당마다 장단점이 있고
잘하는 것과 못하는 것이 있다.
잘하는 것은 좀 더 홍보하고
실수한 부분은 용서를 구할
수 있는 용기, 실천할 수 있는
결단력이 필요하다.

26세 남성(자유한국당 당원)
선배 세대 정치인과
우리 세대는 이념 차이가 있다.
자유한국당에서 보수를 자처하는
수많은 정치인 가운데 자신이 왜
보수 정치인인지 모르는 분이 많다.
자유주의에 대한 이해, 개인주의에
대한 철학,
기본 인권 등 보수주의의
이념적·철학적 이해도가 너무
떨어진다.

23세 남성(바른정당 당원)
페미니즘에 반대하는 사람이
굉장히 많다. 그런 사람들을
인권 차원에서 대변하는
정당은 없다. 보수 정당도
그런 이슈에 입장을
가져야 한다.

21세 여성(바른정당 당원)
지금 자강론이냐 아니냐가
당내에서 엄청 논란이 되고 있다.
애초 그분들(자유한국당)이랑 이념이
안 맞아 갈라섰다면 이제 미련을
버리고 하다못해 '보수의 정의당'이
될지라도 우리의 신념과 가치를
지키려고 노력해야 한다.
예전에 큰 집단이었고 권력이
있었다는 생각을 버렸으면 좋겠다.

30세 남성(더불어민주당 당원)
우리 당은 청년에게 기회를 준다는데
실질적으로 거의 없다. 비단 우리 당뿐
아니라 다른 당 청년들도 마찬가지다.

30세 남성(정의당 당원)
정의당에도 패권주의가 있다. 운동권 패권주의. 대중 정당이 되겠다고 하는데 막상 들어와서 활동하면 검열이 심하다.

21세 남성(더불어민주당 당원)
정당인지 정치인 팬클럽인지 헷갈릴 때가 있다. 가장 큰 이유는 강령 중심성이 없기 때문이다. 민주당 강령을 보면 좋은 내용이 많다. 하지만 민주당원도 잘 모르는 내용이 허다하다. 자유, 인권, 평등 다양성 측면에서 굉장히 바람직한 내용이 많다. 민주당 강령을 보면, '공공 부문 비정규직의 정규직 전환' '민간 부문 비정규직의 정규직 전환 유도'가 있는데, 대통령 선거에 나서겠다는 분들이 노동 유연성을 얘기해도 누구 하나 문제 제기를 하지 않는다.

32세 남성(국민의당 당원)
선배들은 물러날 때를 잘 모르는 것 같다. 물러날 때를 잘 알아야 한다. 우리 당 의원이 발의한 다선 금지법이 있다. 선거법도 바꿔야 한다. 법을 다루는 사람이 국회의원인데 지역구 관리에 너무 많은 품을 들인다. 마치 지역구에서 승리하는 것이 정치인의 모든 것인 양 행동하는 국회의원이 진짜 많다.

24세 여성(자유한국당원)
솔직히 〈한겨레21〉에서 공동 주최하는 좌담회에 간다고 하니까 주변에서 "왜 나가냐"며 걱정했다. 어제는 새벽 3시에 잠들었다. 말실수하면 이상한 기사 나오니까 조심하라는 충고도 들었다. 민주당과 정의당에 대한 편견이 많았다. 막상 얘기하다 보니 나름의 논리를 가지고 접근한다고 생각했다. 외교도 마찬가지고. 직접 들으니 이해되는 부분이 있어 좋았다.

26세 남성(자유한국당 당원)
모든 정치권에서 청년, 청년 하니까 자유한국당도 따라가 보자며 청년한테 얼마 준다, 뭐 준다, 취업 때 뭐 해준다고 한다. 청년 문제는 장애인 인권, 노인 문제에 비하면 아무것도 아니다. 아무것도 아니라고 표현하기 힘들겠지만 재원이 있다면 당연히 장애인, 노인이 우선되어야 한다.

촛불 집회는
정당한
의사 표현인가?

그렇다
32.4%

태극기 집회는
정당한
의사 표현인가?

그렇다
69.1%

정치적 견해의 다양성에 관한 여론조사

상반되는 듯 보이는 두 가치에 동시에 긍정하는 사람의 비중을 찾으려 했다.

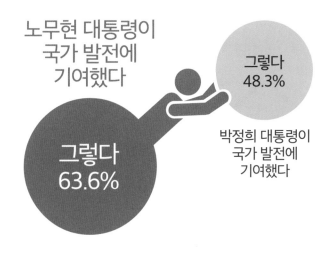

노무현 대통령이
국가 발전에
기여했다

그렇다
48.3%

박정희 대통령이
국가 발전에
기여했다

그렇다
63.6%

'청년', '대학생' 키워드 증가

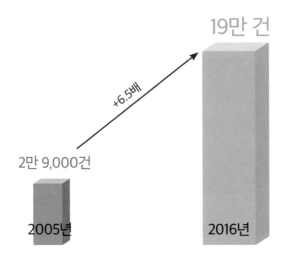

19만 건

+6.5배

2만 9,000건

2005년

2016년

'청년'의 빅데이터 분석

12년 7개월분 기사 4,400만 건의 빅데이터 분석을 통해 정치에 대한 청년들의 관심이 크게 늘었음을 확인할 수 있다.

청년에 대한 사회적 관심이 증가

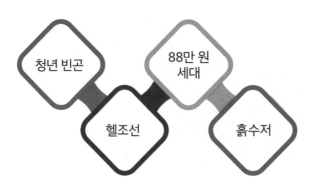

청년 빈곤

88만 원
세대

헬조선

흙수저

'청년'과 '대학생'은 어떤 단어와 함께 사용되는가?

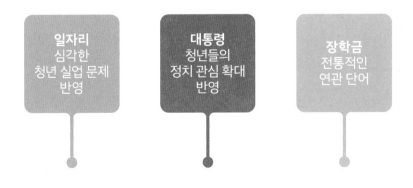

일자리
심각한
청년 실업 문제
반영

대통령
청년들의
정치 관심 확대
반영

장학금
전통적인
연관 단어

청년과 정치적 이념이 함께 언급된 기사량이
분석 기간 중 3배 가까이 늘었다

대선   더불어민주당   새누리당   대통령   지지

보수   공약

청년 당원 좌담회는 <한겨레21>과 공공의창이 기획하고 한국사회여론연구소가 진행했다. 2017년 9월 13일, 국회 내 의석을 확보한 주요 5개 정당의 청년 당원들을 모아 6시간가량 열띤 토론을 했다. 범진보 그룹인 A그룹에는 더불어민주당(4명)과 정의당(2명)에서 6명, 중도 및 범보수 그룹인 B그룹에는 자유한국당(4명), 국민의당(2명), 바른정당(2명)에서 8명이 참석했다. 정치적 견해의 다양성 존중에 관한 여론조사는 조원씨앤아이가 전국 성인남녀 1,000명 대상으로 전화로 설문조사했다. 청년에 대한 빅데이터 조사는 현대성연구소가 2105년 1월부터 2017년 7월까지 포털 사이트 '네이버'에 등장한 온라인 기사 4,400만 건을 수집해 비정형 빅데이터 분석으로 진행했다.

07

08

09

10

대통령에게
바란다

전 국민적 촛불 집회와 대통령 탄핵이라는 초유의 사건, 그리고 조기 대선의 파란
만장한 정치사를 거치며 문재인 정부가 출범했다. 국민은 대통령 선거에 무엇을 기
준으로 후보를 골랐는가? 집권 초기를 거친 정부에 대한 평가는 어떠했는가? 이 정
부에 바라던 것은 무엇이었나를 복기해본다.

07 문재인 정부 출범 2주년 평가

문재인 정부 출범 2년을 맞아 정책 추진에 대한 국민 여론을 조사해보았다. 긍정 평가는 대북 정책, 탈원전 정책, 적폐 청산 등의 순이었고, 부정 평가는 일자리 정책, 인사 정책, 경제 정책 등의 순으로 높았다.

문재인 정부 정책에 대해 부정 의견을 가진 경우 대부분 확신층(적극 부정)이 다수를 차지한다. 집권 후 2년이 지나면서 국정 반대층이 비교적 견고하게 형성되고 있는 것으로 보인다.

종합 평가

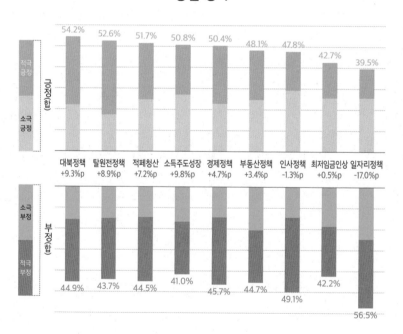

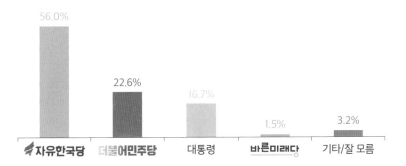

국회 파행과 여야 간 협치가 이뤄지지 않는 책임은
누구 가장 큰가?

56.0% 자유한국당
22.6% 더불어민주당
16.7% 대통령
1.5% 바른미래당
3.2% 기타/잘 모름

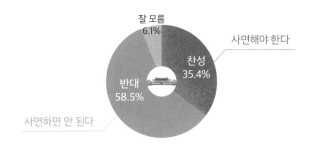

이명박, 박근혜 전 대통령의 사면에 대한 의견

잘 모름 6.1%
사면해야 한다
찬성 35.4%
반대 58.5%
사면하면 안 된다

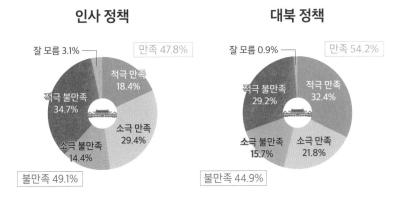

인사 정책

잘 모름 3.1%
만족 47.8%
적극 만족 18.4%
적극 불만족 34.7%
소극 만족 29.4%
소극 불만족 14.4%
불만족 49.1%

대북 정책

잘 모름 0.9%
만족 54.2%
적극 만족 32.4%
적극 불만족 29.2%
소극 만족 21.8%
소극 불만족 15.7%
불만족 44.9%

비핵화 방안

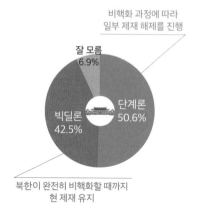

비핵화 과정에 따라
일부 제재 해제를 진행

잘 모름
6.9%

빅딜론
42.5%

단계론
50.6%

북한이 완전히 비핵화할 때까지
현 제재 유지

소득 주도 성장

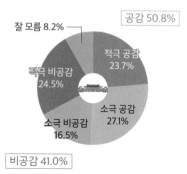

공감 50.8%

잘 모름 8.2%

적극 공감
23.7%

적극 비공감
24.5%

소극 공감
27.1%

소극 비공감
16.5%

비공감 41.0%

일자리 정책

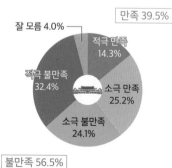

만족 39.5%

잘 모름 4.0%

적극 만족
14.3%

적극 불만족
32.4%

소극 만족
25.2%

소극 불만족
24.1%

불만족 56.5%

부동산 정책

만족 48.1%

잘 모름 7.2%

적극 만족
23.2%

적극 불만족
24.5%

소극 만족
24.9%

소극 불만족
20.2%

불만족 44.7%

최저임금 인상

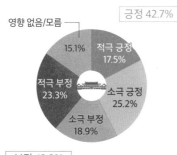

영향 없음/모름
15.1%

긍정 42.7%

적극 긍정
17.5%

적극 부정
23.3%

소극 긍정
25.2%

소극 부정
18.9%

부정 42.2%

경제 정책

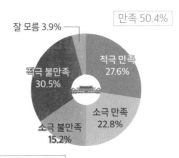

잘 모름 3.9%

만족 50.4%

적극 만족
27.6%

적극 불만족
30.5%

소극 만족
22.8%

소극 불만족
15.2%

불만족 45.7%

적폐 청산

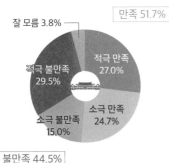

잘 모름 3.8%

만족 51.7%

적극 만족
27.0%

적극 불만족
29.5%

소극 만족
24.7%

소극 불만족
15.0%

불만족 44.5%

탈원전

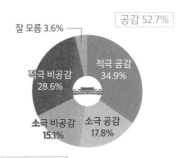

잘 모름 3.6%

공감 52.7%

적극 공감
34.9%

적극 비공감
28.6%

소극 공감
17.8%

소극 비공감
15.1%

비공감 43.7%

문재인 정부 출범 2주년 평가는 <세계일보>와 공공의창이 기획하고 여론조사 전문기관 타임 리서치가 전국 만 19세 이상 남녀 705명(응답률 3.4%)을 대상으로 2019년 5월 2일 수행했다. ARS-RDD 조사이며 무선 100%이다. 표본오차는 95% 신뢰수준에서 ±3.7%p다.

08 문재인 정부 출범 1주년 평가

대통령과 청와대는 만족,
국회와 사법부는 불만족

문재인 정부 출범 이후 1년간 행한 업무에 대해 문재인 대통령과 청와대에 대해서는 만족도가 매우 높게, 입법부와 사법부에 대해서는 불만족 의견이 압도적으로 높게 나타나 평가가 극명히 갈리는 상황이었다.

세부적으로 보면, 대통령과 청와대에 대해서는 '매우 만족' 50.1%, '대체로 만족' 19.1%, '대체로 불만족' 9.2%, '매우 불만족' 14.8%이다. 국회와 정당에 대해서는 '매우 만족' 6.2%, '대체로 만족' 13%, '대체로 불만족' 29.1%, '매우 불만족' 40.8%이다. 사법부에 대해서는 '매우 만족' 5.4%, '대체로 만족' 22.4%, '대체로 불만족' 30.5%, '매우 불만족' 28.7%이다.

청와대(대통령·청와대)

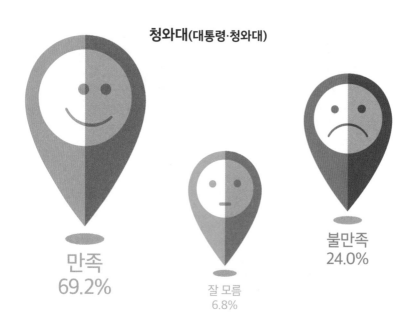

만족
69.2%

잘 모름
6.8%

불만족
24.0%

입법부(국회·정당)

불만족
69.9%

잘 모름
10.9%

만족
19.2%

사법부(법원)

불만족
59.2%

잘 모름
13.0%

만족
27.8%

세부 업무별 평가

국정 분야별 평가를 보면 외교·통일·해외·정보(국정원, 외교부, 통일부)와 행정 총괄 업무(국무총리, 국무조정실, 총리비서실)의 만족도가 높았고, 감사·수사·기소(감사원, 법무부, 검찰청, 경찰청) 성평등·가족 지원(여성가족부) 업무의 불만족도가 높았다.

만족	분야 (부처별)	불만족
66.6%	외교·통일·해외정보 (국정원, 외교부, 통일부)	26.0%
58.7%	행정총괄 (총리실, 국무조정실, 총리비서실)	30.0%
47.4%	복지·의료·보육 (보건복지부)	38.1%
45.6%	문화 체육 관광 (문광부, 문화재청청)	40.3%
42.5%	안전 (행정부, 식약처, 소방청, 해양청)	45.6%
41.6%	경제·세금 (기재, 공정위, 금융위, 국세청, 관세청)	47.0%
39.5%	국방 (국방부, 병무청, 방위사업청)	44.3%
38.6%	노동자보호(고용노동부)	48.1%
38.2%	위원회 (인권, 권익, 방송통신, 원자력 등)	46.1%
38.2%	국통계획·주택·교통 (국토교통부)	44.9%
38.0%	농·산·어촌 (농축부, 해수부, 농촌진흥청, 산림청)	40.3%
36.5%	일자리·산업·기술·과학기술 (과기부, 산자부, 중기부)	44.9%
33.1%	교육 (교육부, 시도교육청, 일선학교)	52.3%
32.6%	환경(환경부)	49.7%
32.5%	감사·수사·기소 (감사원, 법무부, 검찰청, 경찰청)	54.6%
32.1%	성평등·가족지원 (여성가족부)	50.5%

'문재인 정부 출범 1년 평가'는 <오마이뉴스>와 공공의창이 기획하고 여론조사 전문기관 리서치뷰가 조사를 수행했다. 2018년 5월 5~6일, 전국 성인남녀 1,000명 대상으로 ARS로 조사했다. 응답률은 4.6%이며 표본오차는 95% 신뢰수준에 ±3.1%p다.

09 촛불 정부의 최우선 과제는?

문재인 정부 출범 이후 우리 사회의 과제를 정치·사회와 민생 분야로 나눠 그 중요성과 시급성에 대해 4점 척도로 질문했다.

순위	내용	지수	중요도	시급도
1	민생	육아 환경 개선	3.55	3.35
2	정치·사회	공공 부문 채용 비리 조사와 처벌	3.54	3.39
3	민생	초등학교부터 대학교까지 교육 기회의 질 개선	3.51	3.30
4	정치·사회	검찰 등 수사기관 개혁	3.49	3.37
5	민생	미세먼지 감소 등 공기 질 개선	3.46	3.31
6	정치·사회	정치 개입 금지 등 국가정보원 개혁	3.43	3.33
7	정치·사회	연금과 건강보험 등 사회보험 보장성 강화	3.42	3.27
8	민생	식품·건설 등에서 안전 업무의 외주 금지	3.38	3.30
9	민생	해고와 노조 탄압 등 부당 노동 행위 근절	3.36	3.22
10	정치·사회	지난 정부 의혹 사건 수사·재판	3.35	3.40
11	정치·사회	부동산 가격 안정과 임대주택 확대 등으로 전월세난 완화	3.35	3.26
12	정치·사회	기본소득·아동수당 보편 복지 확대	3.25	3.16
13	민생	최저임금 인상 등으로 일자리 질 개선	3.24	3.16
14	정치·사회	세월호 참사 진상 규명	3.16	2.97
15	민생	프랜차이즈 대리점 등 자영업자 현안 해결	3.15	3.02
16	민생	비정규직의 정규직화	3.13	3.04
17	정치·사회	선거권 18살로 낮춰 참정권 확대	2.91	2.72

중요도에서는 육아 환경 개선, 공공 부문 채용 비리 조사·처벌, 교육 기회의 질 개선 등이 상위권으로 꼽혔다. 시급성으로만 보면 지난 정부 의혹 사건 조사·처벌이 가장 높은 점이 눈에 띈다.

'촛불' 이후 중요하고 시급한 과제

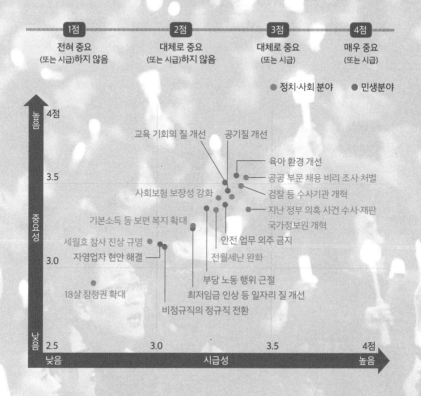

1점	2점	3점	4점
전혀 중요 (또는 시급)하지 않음	대체로 중요 (또는 시급)하지 않음	대체로 중요 (또는 시급)	매우 중요 (또는 시급)

● 정치·사회 분야   ● 민생분야

중요성 (높음 4점 / 중요성 3.0 / 낮음 2.5)

교육 기회의 질 개선   공기질 개선
육아 환경 개선
공공 부문 채용 비리 조사·처벌
사회보험 보장성 강화
검찰 등 수사기관 개혁
기본소득 등 보편 복지 확대
지난 정부 의혹 사건 수사·재판
국가정보원 개혁
세월호 참사 진상 규명
안전 업무 외주 금지
자영업자 현안 해결
전월세난 완화
18살 참정권 확대
부당 노동 행위 근절
최저임금 인상 등 일자리 질 개선
비정규직의 정규직 전환

시급성 (낮음 2.5 / 3.0 / 3.5 / 4점 높음)

촛불 이후 과제에 관한 조사는 <한겨레>, 정책연구소 미래와균형, 공공의창이 공동 기획하고 피플네트웍스리서치가 조사를 수행했다. 개별 과제의 중요성과 시급성을 1~4점 척도로 물어봤다. '매우 중요하다'는 4점, '대체로 중요하다'는 3점, '대체로 중요하지 않다'는 2점, '전혀 중요하지 않다'는 1점을 부여해 의견 분포를 알아봤다. 2017년 12월 18일, 전국 19세 이상 남녀 1,400명을 대상으로 휴대전화 100% ARS-RDD 설문조사를 했다. 표본오차는 95% 신뢰수준에 ±3.7%p다.

10 이런 대통령을 원한다

대통령 탄핵이라는 진통을 겪은 후 앞당겨 치러진 대통령 선거, 한국인은 차기 대통령에게 무엇을 원했을까?

박근혜 전 대통령의 대선 정책 공약 이행에 대한 평가는 대체로 부정적이었다. 부정 평가는 연령이 낮을수록 높아지는 경향을 보였고, 지역별로는 호남권에서 가장 높았다.

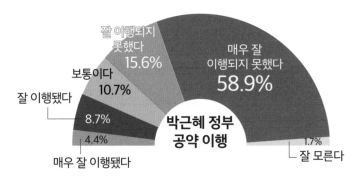

차기 대통령이 해결해야 할 가장 중요한 분야로 '경제 활성화 및 일자리 창출'이 꼽혔다. 다만, 40대는 '정치 개혁'에 최고 우선순위를 부여했다. 이런 결과는 국정 농단과 탄핵 정국이 이어지면서 정치·사회 개혁 요구와 함께 국가와 서민 경제에 누적된 여러 리스크(가계 부채, 중국발 경제 불안, 산업 구조 정체 등)에 대한 높은 안정화 요구가 동반돼 나타난 결과로 보인다.

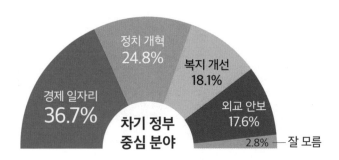

차기 대통령이 가장 주력해야 할 경제 정책?

39.4%	재벌 개혁 및 경제 민주화
32.4%	일자리 창출
16.3%	미래 먹거리 창출 및 4차 산업혁명 대비
8.3%	규제 개혁
3.6%	잘 모름

분야별 역점 과제는?

사회 분야
양극화 해소

청년 문제
양질의 일자리 확보

복지 분야
보육 육아

외교·안보
사드 문제

남북관계
대북 제재, 남북 간 대화 재개

정치 분야
특권 내려놓기

대선 매니페스토 조사는 <세계일보>와 공공의창이 기획하고 여론조사 전문기관 타임리서치가 2017년 3월 16~17일 19세 이상 남녀 1,011명 대상으로 조사를 수행했다. 성별, 연령별, 지역별 유권자 구성비에 따른 층화 표본 추출로 추출해 ARS-RDD 방식이며 휴대전화 비중이 100%, 응답률은 5.0%였다. 표본오차는 95% 신뢰수준에 ±3.1%p다.

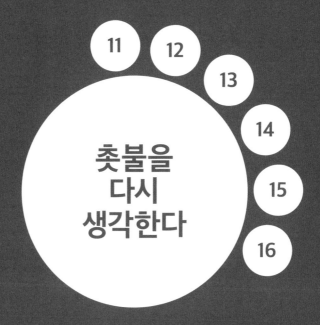

11
12
13
14
15
16

촛불을 다시 생각한다

2016년 가을부터 2017년 3월까지 한국은 촛불의 용광로처럼 뜨거웠다. 결국, 대통령 탄핵을 이끌었으며 새로운 대한민국의 꿈을 제시했다. 한국인은 촛불을 어떻게 기억하고 있을까? 촛불 집회 이후의 대한민국은 어떻게 변해야 한다고 생각하고 있을까? 그 역사적 현장을 되돌아본다.

11 촛불 1주년, 우리 사회를 다시 생각한다

2017년 가을부터 2018년 3월까지 박근혜 대통령 탄핵을 이끌었던 촛불 집회를 어떻게 생각하는가?

긍정적 71.4% / 부정적 23.8%

매우 긍정적	긍정적	부정적	매우 부정적	잘 모름
59.3%	12.1%	12.0%	11.8%	4.8%

■ 매우 긍정적　■ 긍정적　■ 부정적　■ 매우 부정적　■ 잘 모름

광화문 광장을 비롯한 전국 각지에서 진행되었던 촛불 집회 현장에 참여한 적이 있는가?

- 참여해본 적 있음 28.4%
- 참여해본 적 없음 68.8%
- 잘 모름 2.8%

촛불 집회에 주로 누구와 함께 갔는가(촛불 집회 참여 응답자 284명)

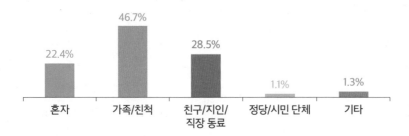

- 혼자 22.4%
- 가족/친척 46.7%
- 친구/지인/직장 동료 28.5%
- 정당/시민 단체 1.1%
- 기타 1.3%

촛불 집회 확산의 가장 큰 계기가 되었던 문제는 다음 중에서 무엇이라고 생각하는가?

| 23.5% | 5.0% | 4.9% | 7.1% | 7.1% | 44.1% | 8.3% |
| 대통령의 권력 사유화 | 부정 입학 등 불공정 문제 | 블랙리스트 작성 비판 세력 탄압 | 재벌과 권력 유착 | 세월호 참사 부실 대응 | 최순실 등 국정 개입 | 잘 모름 |

촛불 집회의 목적이 어느 정도 완성되었다고 생각하는가?

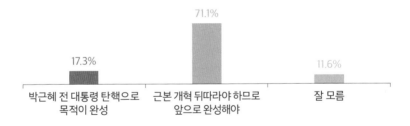

| 17.3% | 71.1% | 11.6% |
| 박근혜 전 대통령 탄핵으로 목적이 완성 | 근본 개혁 뒤따라야 하므로 앞으로 완성해야 | 잘 모름 |

문재인 정부가 촛불 집회에서 나타난 국민의 뜻을 얼마나 잘 계승하고 있다고 보는가?

계승 69.8% .... 계승 못함 23.6%

| 38.3% | 31.5% | 13.5% | 10.1% | 6.6% |

■ 매우 잘 계승 ■ 잘 계승 ■ 계승하지 못함 ■ 전혀 계승 못함 ■ 잘 모름

문재인 정부가 추진하는 적폐 청산을 어떻게 생각하는가?

67.5%

25.7%

6.8%

과거 정권에 대한
정치 보복

불법 행위에 대한
당연한 처벌

잘 모름

2018년 6월 지방선거의 개헌 추진을 어떻게 생각하는가?

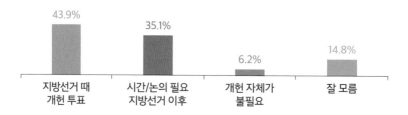

43.9%

35.1%

6.2%

14.8%

지방선거 때
개헌 투표

시간/논의 필요
지방선거 이후

개헌 자체가
불필요

잘 모름

개헌을 추진한다면 국민 기본권 강화, 권력 구조 개편,
지방자치 강화 중 어떤 점에 중점을 둬야 하는가?

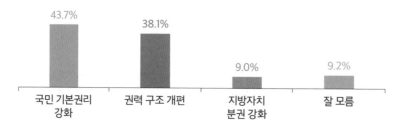

43.7%

38.1%

9.0%

9.2%

국민 기본권리
강화

권력 구조 개편

지방자치
분권 강화

잘 모름

'그동안 정부는 사회적 강자보다 약자를 대변한다'는 말에 어느 정도 공감하는가?

공감 36.6% 비공감 55.9%

| 13.2% | 23.4% | 36.8% | 19.1% | 7.5% |

■ 매우 공감 ■ 공감 ■ 공감하지 않음 ■ 전혀 공감 안 함 ■ 잘 모름

'대한민국 사회는 누구나 열심히 노력하면 성공할 수 있다'는 말에 어느 정도 공감하는가?

공감 32.1% 비공감 63.8%

| 8.0% | 24.1% | 41.8% | 22.0% | 4.1% |

■ 매우 공감 ■ 공감 ■ 공감하지 않음 ■ 전혀 공감 안 함 ■ 잘 모름

'대한민국 언론은 가난하고 약한 사람들의 목소리를 잘 대변하고 있다'는 말에 어느 정도 공감하는가?

공감 20.8% 비공감 74.1%

| 3.4% | 17.4% | 43.8% | 30.3% | 5.1% |

■ 매우 공감 ■ 공감 ■ 공감하지 않음 ■ 전혀 공감 안 함 ■ 잘 모름

'탄핵 1주년 즈음 국민 여론조사'는 공공의창이 기획하고 여론조사 전문기관 우리리서치가 2017년 11월 16일, 전국 19세 이상 남녀 1,000명을 대상으로 수행했다. 무선전화 RDD 방식으로 조사했으며 응답률은 4.6%였다. 표본오차는 95% 신뢰수준에서 ±3.1%p다.

12 탄핵 그리고 개혁

2017년 12월 9일 국회가 박근혜 대통령 탄핵안을 가결했다. 그 이후 헌법재판소와 특검의 발걸음이 빨라지던 즈음에 국민의 국정농단 사건과 탄핵에 대한 의견을 물어보았다.

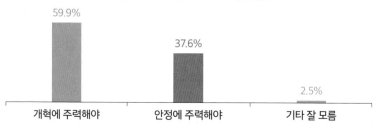

탄핵 이후의 우리 사회 방향은?

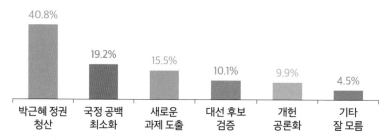

현 시점에서 최우선으로 삼아야 할 주력 과제는?

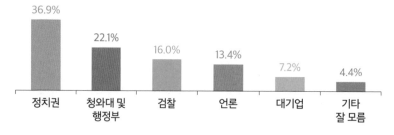

시급한 개혁 분야는 무엇인가?

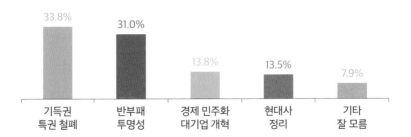

국가 시스템을 재정립한다면 그 방향은?

기득권 특권 철폐	반부패 투명성	경제 민주화 대기업 개혁	현대사 정리	기타 잘 모름
33.8%	31.0%	13.8%	13.5%	7.9%

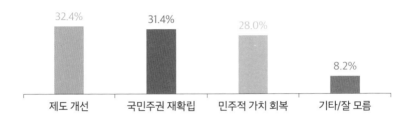

한국 민주주의 발전에 필요한 것은?

제도 개선	국민주권 재확립	민주적 가치 회복	기타/잘 모름
32.4%	31.4%	28.0%	8.2%

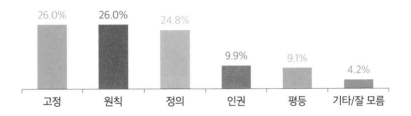

국정농단 사건 이후 우리 사회가 중요한 가치로 삼아야 할 것은 무엇인가?

고정	원칙	정의	인권	평등	기타/잘 모름
26.0%	26.0%	24.8%	9.9%	9.1%	4.2%

국정농단 사건을 접하며 시민의 역할은 무엇이라고 보는가?

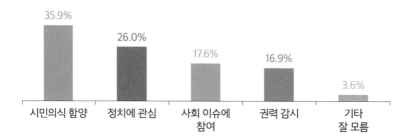

시민의식 함양	정치에 관심	사회 이슈에 참여	권력 감시	기타 잘 모름
35.9%	26.0%	17.6%	16.9%	3.6%

국정농단 사건은 공공 이익을 침해했는가?

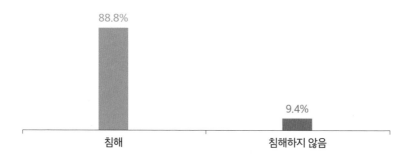

침해	침해하지 않음
88.8%	9.4%

국정농단 사건의 본질을 평가하면?

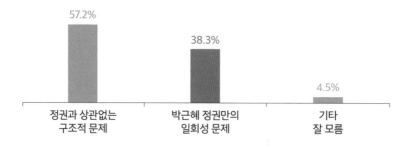

정권과 상관없는 구조적 문제	박근혜 정권만의 일회성 문제	기타 잘 모름
57.2%	38.3%	4.5%

국정농단 사건은 역사적으로 어떤 의미가 있는가?

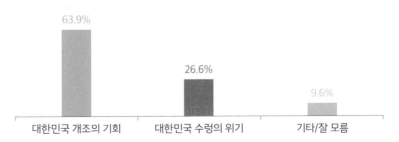

대한민국 개조의 기회	대한민국 수렁의 위기	기타/잘 모름
63.9%	26.6%	9.6%

국정농단 사건을 접하며 어떤 생각이 드는가?

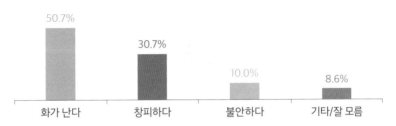

화가 난다	창피하다	불안하다	기타/잘 모름
50.7%	30.7%	10.0%	8.6%

박근혜 대통령의 문제점은?

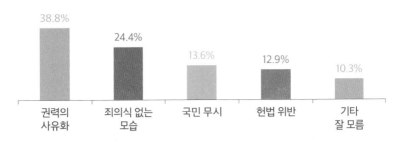

권력의 사유화	죄의식 없는 모습	국민 무시	헌법 위반	기타 잘 모름
38.8%	24.4%	13.6%	12.9%	10.3%

국정농단 사건에 대한 국민 여론조사는 공공의창이 기획하고 여론조사 전문기관 피플네트웍 스리서치가 2016년 12월 16일 전국 만 19세 이상 휴대전화 가입자 1,137명을 대상으로 컴퓨터 ARS-RDD로 진행했다. 응답률은 7.3%였으며 표본오차는 95% 신뢰수준에서 ±2.9%p다.

13 최순실 게이트란 무엇인가?

최순실에 의한 국정농단 개입이 드러나면서 촛불 집회가 뜨거워졌다. 최순실 게이트에 대한 국민의 생각을 물었다.

최순실 게이트의 공익 침해 정도는?

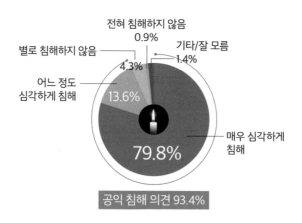

전혀 침해하지 않음
0.9%

별로 침해하지 않음
4.3%

기타/잘 모름
1.4%

어느 정도
심각하게 침해
13.6%

매우 심각하게
침해
79.8%

공익 침해 의견 93.4%

최순실 게이트 검찰 수사에 대한 견해는?

최순실 게이트에 대한 정치권의 관련 입장은?

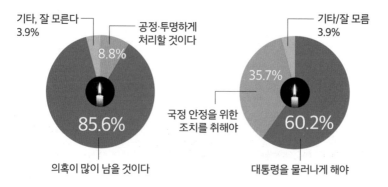

기타, 잘 모른다
3.9%

공정·투명하게
처리할 것이다
8.8%

의혹이 많이 남을 것이다
85.6%

기타/잘 모름
3.9%

국정 안정을 위한
조치를 취해야
35.7%

대통령을 물러나게 해야
60.2%

최순실 게이트가 발생한 가장 큰 원인은?

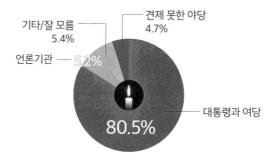

견제 못한 야당
4.7%

기타/잘 모름
5.4%

언론기관 — 5.2%

대통령과 여당

80.5%

정당이 공공의 이익에 맞는 후보를 검증해 배출하기 위한 노력 정도는?

언론이 공공의 이익을 지키기 위한 노력 정도는?

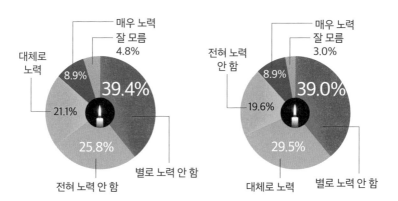

매우 노력
잘 모름
4.8%

대체로
노력

8.9%

39.4%

21.1%

25.8%

전혀 노력 안 함

별로 노력 안 함

매우 노력
잘 모름
3.0%

전혀 노력
안 함

8.9%

39.0%

19.6%

29.5%

대체로 노력

별로 노력 안 함

최순실 게이트에 대한 국민 여론조사는 공공의창이 기획하고 여론조사 전문기관 휴먼리서치가 2016년 11월 2~3일 수행했다. ARS-RDD 방식이며 무선 100%였다. 전국 성인남녀 1,242명을 대상으로 했으며 응답률은 9.07%였다. 표본오차는 95% 신뢰수준에 ±2.78%p다.

14 당신은 왜 촛불을 들었나?

박근혜·최순실 게이트 관련 촛불 집회에 한 차례라도 참여한 경험이 있는가?

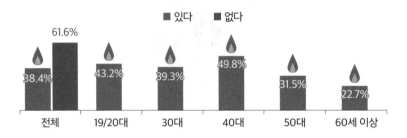

■ 있다 ■ 없다

전체: 61.6% / 38.4%
19/20대: 43.2%
30대: 39.3%
40대: 49.8%
50대: 31.5%
60세 이상: 22.7%

촛불 집회 참여 경험이 있는 사람의 참여 횟수?

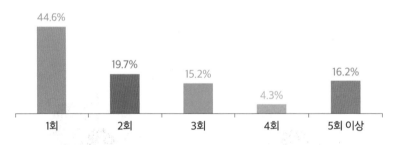

1회: 44.6%
2회: 19.7%
3회: 15.2%
4회: 4.3%
5회 이상: 16.2%

박근혜·최순실 게이트를 접하는 심정은?

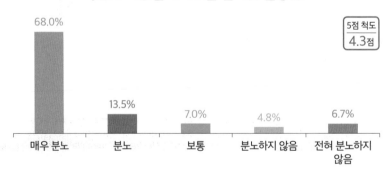

5점 척도
4.3점

매우 분노: 68.0%
분노: 13.5%
보통: 7.0%
분노하지 않음: 4.8%
전혀 분노하지 않음: 6.7%

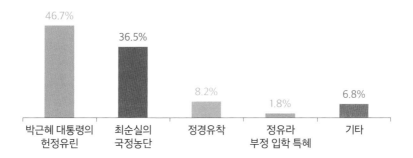

박근혜·최순실 게이트에 분노하는 사람이 가장 분노하는 이유는?

- 박근혜 대통령의 헌정유린: 46.7%
- 최순실의 국정농단: 36.5%
- 정경유착: 8.2%
- 정유라 부정 입학 특혜: 1.8%
- 기타: 6.8%

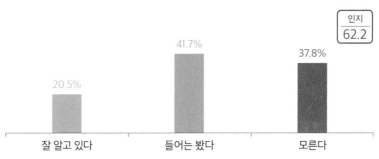

기본소득제에 대해 알고 있는가?

인지 62.2

- 잘 알고 있다: 20.5%
- 들어는 봤다: 41.7%
- 모른다: 37.8%

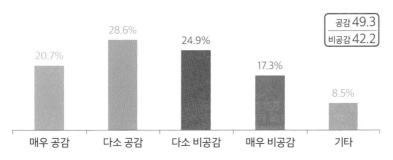

기본소득제 도입에 공감하는가?

공감 49.3
비공감 42.2

- 매우 공감: 20.7%
- 다소 공감: 28.6%
- 다소 비공감: 24.9%
- 매우 비공감: 17.3%
- 기타: 8.5%

기본소득제 도입을 공약한 대선 후보를 지지할 의향이 있는가?

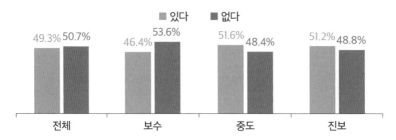

- 있다
- 없다

	전체	보수	중도	진보
있다	49.3%	46.4%	51.6%	51.2%
없다	50.7%	53.6%	48.4%	48.8%

개헌 추진과 관련해 가장 적절한 방안은?

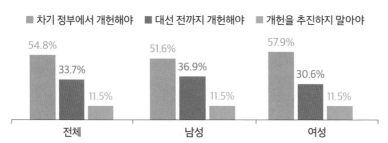

- 차기 정부에서 개헌해야
- 대선 전까지 개헌해야
- 개헌을 추진하지 말아야

	전체	남성	여성
차기 정부에서 개헌해야	54.8%	51.6%	57.9%
대선 전까지 개헌해야	33.7%	36.9%	30.6%
개헌을 추진하지 말아야	11.5%	11.5%	11.5%

차기 대통령이 가장 중점을 두고 추진해야 할 핵심 과제는?

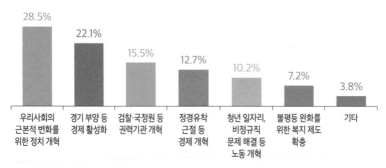

우리사회의 근본적 변화를 위한 정치 개혁	경기 부양 등 경제 활성화	검찰·국정원 등 권력기관 개혁	정경유착 근절 등 경제 개혁	청년 일자리, 비정규직 문제 해결 등 노동 개혁	불평등 완화를 위한 복지 제도 확충	기타
28.5%	22.1%	15.5%	12.7%	10.2%	7.2%	3.8%

촛불 집회와 사회 현안 관련 인식조사는 공공의창이 기획하고 여론조사 전문기관 우리리서치가 수행했다. 2016년 10월 전국 성인남녀 1,000명을 대상으로 ARS-RDD 방식으로 조사했으며 표본오차는 95% 신뢰수준에서 ±3.1%p다.

15 우리에게 촛불의 의미는?

박근혜-최순실 국정농단 특검 수사 기간 연장에 관해

- 연장해야 68.8%
- 연장하지 말아야 26.1%
- 잘 모름 5.1%

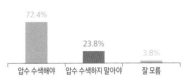

특검의 청와대 압수 수색에 관해

- 압수 수색해야 72.4%
- 압수 수색하지 말아야 23.8%
- 잘 모름 3.8%

헌법재판소의 박근혜 대통령 탄핵 소추에 대한 판결

- 탄핵해야 74.0%
- 탄핵하지 말아야 22.2%
- 잘 모름 3.8%

헌법 재판관 임기 만료 등에 따른 탄핵 심판 판결 시기 결정

- 퇴임 전 판결 73.6%
- 퇴임 후 판결 무방 20.9%
- 잘 모름 5.5%

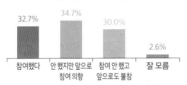

촛불 집회에 참여 경험

- 참여했다 32.7%
- 안 했지만 앞으로 참여 의향 34.7%
- 참여 안 했고 앞으로도 불참 30.0%
- 잘 모름 2.6%

촛불 집회에 관한 인식

- 긍정 71.7% / 부정 25.0%
- 매우 긍정 58.2%
- 긍정 13.5%
- 부정 13.9%
- 매우 부정 11.1%
- 잘 모름 3.3%

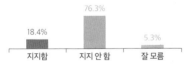

박근혜 대통령의 결백 주장에 관해

- 지지함 18.4%
- 지지 안 함 76.3%
- 잘 모름 5.3%

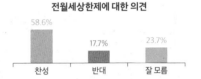

전월세상한제에 대한 의견

- 찬성 58.6%
- 반대 17.7%
- 잘 모름 23.7%

재벌 개혁에 대한 의견

- 필요 85.8% / 불필요 10.3%
- 강력한 개혁 필요 56.1%
- 필요 29.7%
- 필요 없음 8.6%
- 절대 불필요 1.7%
- 잘 모름 3.9%

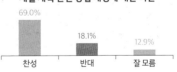

재벌 개혁 관련 상법 개정에 대한 의견

- 찬성 69.0%
- 반대 18.1%
- 잘 모름 12.9%

촛불 집회와 사회 현안에 관한 인식조사는 참여연대와 공공의창이 기획하고 여론조사 전문기관 우리리서치가 수행했다. 2017년 2월 21일, 전국 19세 이상 성인 남·여 1,200명을 대상으로 ARS-RDD(유선 20%, 무선 80%) 방식으로 조사했다. 표본오차는 95% 신뢰수준에서 ±3.1%p다.

16 촛불 현장에서

촛불 집회의 열기가 뜨겁던 2016년 12월 초, 박근혜정권퇴진비상국민행동과 공공의창이 기획하고 우리리서치와 코리아스픽스가 수행해 실시간 모바일 투표를 진행했고, 광화문 광장의 촛불 집회 현장에서 그 결과를 발표했다. 이에 대해 뜨거운 관심과 참여 열기가 일었다.

한국인의 생각

1판 1쇄 인쇄 2019년 8월 16일
1판 1쇄 발행 2019년 8월 26일

지은이 공공의창

펴낸이 최준석
펴낸곳 푸른나무출판 주식회사
주소 경기도 고양시 일산동구 정발산로 24. 웨스턴돔1 5층. T1-510호
전화 031-927-9279 팩스 02-2179-8103
출판신고번호 제2019-000061호 신고일자 2004년 4월 21일

ISBN 978-89-92008-84-6 03330

이 도서의 국립중앙도서관 출판예정도서목록(CIP)은 서지정보유통지원시스템 홈페이지(http://seoji.nl.go.kr)와 국가자료공동목록시스템(http://www.nl.go.kr/kolisnet)에서 이용하실 수 있습니다. (CIP제어번호 : CIP2019026780)